KB108224

벌써 오십,
마지막 수업 준비

벌써 오십,
마지막 수업 준비

돈과 집, 몸과 삶에 관한 15개의 지침들

문예춘추(文藝春秋) 엮음
이케가야 유지(도쿄대 뇌과학 교수) 외 17명
한혜정 옮김

북스코프

차례

일러두기

- 이 책의 원서 『老後の真実』은 일본 잡지 《문예춘추SPECIAL》 2011년 봄호 '장래의 상식-노후의 진실'과 2011년 여름호 '노후의 핵심-(속)노후의 진실'을 재편집한 것입니다.

- 본문 중 옮긴이 주석은 괄호 안에 넣고 '옮긴이'라고 표시하였습니다. 나머지 괄호 안의 내용은 지은이가 쓴 것입니다.

- 이 책은 일본과 한국의 사회제도상 차이를 감안하여 용어 설명을 추가하였고, 일부 장에는 '한국의 경우'라는 별도 항목을 두어 국내 상황을 소개하였습니다.

1

나이 먹을수록 직감은
더 발달한다

뇌의 노화를 늦추는 방법

최근 일인데도 잘 생각나지 않는다,
기억력이 떨어졌다……. 전부 나이 탓으로
돌리며 나이 들수록 뇌기능이 저하된다고
생각하는 고정관념을 파헤친다.

이케가야 유지(池谷裕二)

뇌과학자, 도쿄대학교 부교수. 기억력, 학습법, 뇌과학 관련
책을 꾸준히 내고 있으며 국내에도 『단순한 뇌 복잡한 나』,
『교양으로 읽는 뇌과학』, 『뇌를 속이는 시험공부』, 『뇌는 왜
내 편이 아닌가』, 『해마』 등의 책이 번역되어 있다.

건망증이나 기억력 저하의 원인을 나이 들어 뇌가 노화하기 때문이라고 생각하는 사람들이 많다. 하지만 이는 잘못된 생각이다. 나이를 먹어도 뇌는 기능이 그렇게 쉽게 저하되는 기관이 아니다. 오히려 나이 먹으면 먹을수록 향상되는 뇌기능이 있다. 바로 직감력이다. 직감력은 마흔이 넘으면서 더욱 예리해진다. 그 이유를 설명하기 전에 먼저 직감이 무엇인지 살펴보자.

오늘날 일반적으로 직감이라고 하면 영감이나 육감 같은 영적인 감각을 떠올리는 경우가 많다. 하지만 여기서 말하는 직감은 그런 부류가 아니다. 직감력이란 본인도 모르게 무의식중에 발생하는 감각적 능력이다. 무언가를 통찰하거나 행간을 읽을 수 있는 힘이라고 할 수 있다. 선천적인 것이 아니라 후천적 경험을 통해 획득한 능력이며 이것을 두뇌 연구에서는 직감이라 부른다.

흔히 '센스'라고 하는 것도 직감의 일종이다. 패션 감각뿐 아니라 생활 전반에 걸쳐서 나타나는 센스, 예를 들면 상황판단이 빠르다거나 눈썰미가 있다거나 하는 감각도 전부 직감에 속한다. 위작인지 진품인지 구분해 내는 골동품 전문가의 능력 또한 직감에 따른 것이다. 요리 감각도 그렇다. '소금 약간'이라고 할 때 이 약간이 어느 정도인지 수치화하지 않아도 딱 좋은 맛을 내는 감각이 직감이다.

운동 감각도 마찬가지다. 근력은 나이와 함께 약해지기 때문에 어느 정도 나이를 먹으면 현역 선수로서 활동하기 힘들어진다. 하지만 코치나 감독이 되어 젊을 때와는 다른 '시합의 감' 같은 것을 발휘하는 경우가 많다. 젊은 사람은 이런 감각을 발휘하기가 쉽지 않고 나이를 먹어야만 가능하다. 오랜 시간 동안 경험하면서 길러지는 것이 직감력이기 때문이다.

직감과 비슷한 능력으로 기발한 착상을 뜻하는 '아이디어'가 있다. 둘 다 머릿속에 갑자기 떠오른다는 점에서는 비슷하지만 뇌과학에서는 뇌 속의 작용 원리가 다른 별개의 현상으로 본다. 직감과 아이디어의 차이는 그 근거를 말로 설명할 수 있느냐 없느냐에 있다. 아이디어는 떠오른 다음에 그 근거를 설명할 수 있다. "그때는 잘 생각나지 않았지만, 생각해 보면 이러저러해서 이렇게 해서 저렇게 된 것이다." 하는 식으로 착상의 근거를 설명할 수 있다.

하지만 직감은 당사자도 그 생각의 근거를 모른다. 그냥 왠지 모르게 그렇다는 느낌이다. 예를 들면, 처음 다뤄보는 재료인데도 왠지 이런 식으로 양념을 하면 맛있지 않을까 생각해서 실제로 해보니 맛있게 되었다는 식이다. 막연한 생각이지만 결코 빗나가지 않고, 이유를 설명할 수는 없지만 확신이 드는 느낌, 이것이 직감이다.

직감력은
마흔 넘어서부터 예리해진다

어떻게 자전거를 탈 수 있게 되었을까? 젓가락질은 어떻게 하게 되는 걸까? 어떻게 해서 피아노를 칠 수 있게 되는 걸까? 말로는 설명이 되지 않는다. "모차르트의 피아노 소나타를 연주할 때는 손가락의 이 근육을 이 정도로 수축시키면서 동시에 상완 이두근은 이 정도로 이완시키고……" 하는 식으로 설명할 수는 없다. 이처럼 말로는 설명할 수 없지만 무의식적으로 몸이 알고 있는 기억을 '절차 기억'이라고 한다. 반대로, 말로 설명할 수 있는 기억은 '서술 기억'이라고 한다. 사람의 기억은 크게 이 두 가지 유형 중 하나에 속한다. 절차 기억을 관장하는 기관은 뇌의 대뇌기저핵(이하 기저핵)으로서, 기저핵에서는 사람의 신체를 움직이는 일에 관한 프로그램을 보관하고 있다. 직감도 바로 이 기저핵에서 발생한다.

신체 활동에 관여하는 기저핵에서 어떻게 신체 활동과 무관해 보이는 직감이 생길까? 이유는 수많은 근육들이 한 치의 오차도 없이 협동해야 하는 고도의 활동을 우리 뇌에서 무의식중에 엄밀히 계산해 주고 있기 때문이다. 그래서 우리는 매일 실수 없이 젓가락질을 하거나 자전거를 운전하는 등의 신체 활동을 할 수 있다. 절차 기억은 반복적인 훈련을 통해 몸에 저장된다. 여러 번 반복해서 연습함으로써 기저핵에 그 방식이 입력되는 것이다.

'무의식' 그리고 '반복을 통해 몸에 익음', 바로 이것이 직감이다. 앞서 얘기한 것처럼 눈썰미라든가 상황판단력이나 요리 감각 같은 직감력은 훈련하면 할수록 예리해지고 한번 체득한 감각은 좀처럼 잊히지 않는다. 반대로 경험이 뒷받침되지 않은 감각은 직감이라고 할 수 없다. 훈련, 즉 어릴 적부터 쌓은 다양한 경험을 통해 직감력이 발달한다는 말이다. 20대나 30대보다 40대 이후에 나이를 먹을수록 직감력이 높아지는 이유가 바로 여기에 있다.

사람의 뇌는 대개 20세가 될 때까지 태어날 때의 3배 정도 커지며 그 이후에는 성장이 완만해진다고 알려져 있다. 하지만 뇌의 일부 부위는 성인이 되어서도 계속 성장한다는 사실이 10여 년 전에 밝혀졌다. 그 부위가 전두엽과 기저핵이다. 즉 기저핵에서 발생하는 직감력도 나이와 함께 성장해 간다는 말이다.

뇌기능 저하에 관한 흥미로운 연구 데이터가 있다. 115세에 사망한 네덜란드 여성의 뇌를 해부한 결과, 신경세포 수와 시냅스(신경세포를 연결하는 부위) 수, 단백질의 양, 유전자 상태 등의 뇌기능이 젊은 사람과 거의 차이가 없음을 발견했다. 놀라운 일이다. 물론 하나의 예로 속단할 수는 없지만 이 데이터를 보고 역시 뇌는 그리 쉽게 노화하지 않는다는 나의 생각이 더욱 강해졌다. 원래 뇌 자체는 40세 이후에 활동이 더 활발해진다고 알려져 있는데, 120세에도 이렇게 왕성하다면 그 절반인 60세, 즉 환갑의 뇌는 아직 '뇌 인생 절반밖에 살지 않은' 셈이다.

뇌기능이 떨어졌다고 느끼는 이유는 신체 기능 저하 때문

일반적으로 '뇌기능이 떨어졌다'고 말할 때, 신체 기능의 노화를 뇌의 노화로 착각하는 경우가 많은 듯하다. 몸의 노화가 뇌의 노화보다 더 빠르기 때문에 아마도 그런 점이 반영된 것 같다. 예를 들어 책을 좋아하는 사람이 "젊었을 때는 서너 시간 쉬지 않고 책을 읽었는데 요즘에는 30분만 읽어도 집중력이 떨어져. 나이 들어서 머리도 늙었나 봐."라고 말하는데 이 경우는 몸의 노화로 보는 것이 맞다.

세 시간이나 책을 든 자세를 유지하려면 매우 많은 체력이 소모된다. 팔이 저리고 눈도 피로해진다. 평소 체력이 단련되어 있지 않기에 몸이 근질근질하고 집중력이 떨어진다. 이는 뇌기능이 떨어진 것이 아니라 체력이 떨어진 것이다. 그런데도 우리는 이런 현상을 뇌가 노화한 탓으로 돌린다.

나이를 먹어서 건망증이 심해진다는 생각도 오해이다. 무언가를 깜박 잊거나 까맣게 잊어버리는 일이 많아졌다고 생각되는 이유는 어른이 아이에 비해 더 많은 지식을 머릿속에 담고 있기 때문이다. 그 많은 지식 중에서 특정 기억을 끄집어내려니 시간이 걸릴 수밖에 없다.

또 한 가지는 나이가 들면서 시간의 흐름이 빠르게 느껴진다는 이유도 있다. 예를 들어 최근에 만난 사람인데 이름이 전혀 생각나지 않을 때가 있을 것이다. 하지만 알고 보면 그렇게 최근이 아닌 경우가 많다.

아이들이 말하는 '최근'은 3일 전이나 길어야 일주일 전이고, 그 이상은 아주 옛날이다. 하지만 우리 어른은 열흘 전쯤

이면 최근이라고 한다. 반년쯤 전의 일을 '요 근래'라 말하기도 한다. 그 반년 사이에 새로 많은 것을 머릿속에 집어넣었으니 떠올리는 데에 시간이 걸릴 수밖에 없다. 어찌 보면 당연한 현상인데 사람들은 필요 이상으로 심각하게 여기곤 한다.

아이들도 한번 기억한 일을 반년간 전혀 출력하지 않으면 잊어버린다. 아이들의 놀라운 점은 안쓰러울 정도로 빨리 잊는다는 것이다. 외우기도 빠르지만 잊기도 빠르다. 어른보다 빠를지 모른다. 가령 어릴 때부터 미국에 살아 영어가 유창한 아이가 초등학교 3학년쯤 모국에 돌아와 영어를 전혀 쓰지 않으면 눈 깜박할 새에 영어를 잊어버리는 일이 종종 있다.

까맣게 잊는 횟수는 아이나 노인이나 비슷하다

무언가를 새까맣게 잊어버리는 현상도 나이를 먹으면서 심해진다고 흔히 말하지만 이 또한 착각이다. 약 2년 전 일본에서 실시한 대규모 조사에 따르면 뭔가를 까맣게 잊어버리는 횟수는 아이나 노인이나 거의 일정해서 차이가 없었다. 어른들이 까맣게 잊어버리는 일이 많아졌다고 생각하는 이유 중 하나는 앞서 건망증의 경우처럼 시간의 흐름을 빠르게 느끼기 때문이다.

아이에게 요즘 뭔가를 까맣게 잊어버린 적이 몇 번 있었냐고 물으면 대개 3일에서 일주일 사이의 경험을 떠올린다. 하지만 어른들은 과거 반년 동안의 경험을 헤아리고 있다. 그러니 그런 일이 훨씬 많은 것처럼 느껴질 수밖에 없다. 까맣게 잊기, 즉 물건을 두고 오거나 해야 할 일을 까먹거나 하는 일은 아이들에게 훨씬 많이 일어난다. "어라, 나 열쇠 어디 뒀더라?"라거나 "체육복 까먹고 안 가져왔다!"가 일상이다. 어른이 되면서 이렇게 완전히 잊어버리는 일은 줄어든다고 해도 과언이 아니다.

어른과 아이의 결정적인 차이가 무엇일까. 아이는 그런 일이 있어도 "또 까먹었네." 할 뿐 의기소침해지지 않는다. 반면 어른들은 곧잘 나이 탓을 하며 슬퍼하거나 뭔가 큰 병의 조짐일지 모른다고 불안해하는 경우가 많다. 걱정을 사서 하는 것이다.

뇌기능도 기억력도 생각처럼 그리 쉽게 감퇴하지 않는다. 이에 관해 흥미로운 실험 데이터가 있다. 생후 반년이 안 된 어린 토끼와 생후 2~3년 된 늙은 토끼를 대상으로 대뇌피질에 있는 해마의 성능을 측정한 실험이다. 해마는 뇌에서 기억을 관장하는 기관이다. 실험 방법은 먼저 벨을 울린 다음 토끼 눈에 바람을 쉭 하고 분다. 이렇게 여러 번 반복하면 토끼는 흐름을 익혀서 벨이 울리면 바람이 나온다는 사실을 알고 눈을 감게 된다. 최종적으로 어린 토끼는 약 200번, 늙은 토끼는 약 800번 만에 이 흐름을 익혔다. 이 결과만 보면 확실히 토끼도 나이가 들수록 기억력이 감퇴하는 듯하다. 학습 속도가 4분의 1로 떨어지니 해마의 기능이 나이와 함께 쇠퇴하는 것처럼 보인다.

그다음 실험에서는 뇌에서 '세타(θ)파'라는 뇌파가 방출될 때의 상태를 조사해 보았다. 이때 늙은 토끼의 학습력과 기억 능력은 어린 토끼와 거의 다를 바 없이 매우 우수한 성적을 나타냈다. 세타파는 무언가에 흥미를 느껴 두근두근할 때나 호기심을 가지고 다음 일을 궁금해할 때 방출된다. 즉 세타파가 방출되는 동안에는 나이 든 사람도 젊은이와 같은 수행능력을 발휘할 수 있다는 말이다.

뇌 자체는 나이를 먹었다고 해서 노화하지 않는다. 이제 머리도 녹슬었다며 한탄하기 전에 애초에 자신의 마음가짐이 젊은지, 만사에 흥미를 느끼는지 생각해 보자.

기억력을 유지하려면
호기심을 잃지 말아야 한다

그렇다고는 해도 신체기능이 떨어지면 매사에 흥미도 떨어지기 쉽다. 성인들이 주의할 점은 매너리즘에 빠지는 일이다. 세상일에 그럭저럭 익숙해져서 식당에 가도 항상 같은 메뉴만 시키고 새로운 건 시도해 보지 않으며 드라마를 봐도 빤한 스토리라며 채널을 바꾸거나 무슨 일이든 시시하게 여기지는 않는가? 타성에 빠지면 세타파가 나오지 않는다. 나이 먹어도 호기심을 갖고 여러 가지 일을 즐기는 자세야말로 기억력 감퇴를 막는 비법이다.

"여러분은 무엇 때문에 뇌가 생겼다고 생각해요?" 학생들에게 이런 질문을 하면 대부분 엉뚱한 답이 돌아온다. "생각하기 위해서요." "결정하기 위해서요." 이런 생각은 큰 착각이다. 뇌는 생각하기 위해서 생긴 것이 아니다. 예를 들어 지렁이 뇌는 "나는 무엇을 위해 살아가고 있는 걸까?"라며 자기 성찰을 하거나 미래를 불안해하거나 죽음을 두려워하는 등의 생각을 하려고 존재하는 것이 아니다. 먹이가 있으면 가까이 다가가고 적이 나타나면 도망가는 등 신체 감각을 신체 운동으로 바꾸기 위해 존재한다. 감각을 운동으로 변환시키는 작업, 따라서 뇌는 신체와 밀접하게 연결되어 있다.

애초에 '절차 기억'은 신체를 관장하기 위해 사용되었다. 지금도 하등동물의 뇌는 신체를 위해서만 사용되고 있다. 하지만 사람은 다르다. 사람은 분명 진화 과정에서 반복적인 훈련을 통해 몸에 밴 절차 기억의 회로가 매우 편리했기 때문에 그것을 직감 능력으로도 전용한 것이라 여겨진다. 본래의 목적과 다른 목적으로 돌려쓰고 있다는 말이다.

우리 뇌는 신체 활동을 중심으로 이루어져 있다. 이 사실을 한층 더 뒷받침해 주는 최근의 연구 논문이 있다. 과학지《사이언스Science》에 소개된 내용이다. 젓가락을 입에 물고 만화책을 읽는 실험을 한다. 젓가락 끝을 입술로만 '움' 하고 무는 방식과 가로로 눕혀 '이' 하고 이로 무는 방식, 이 두 가지 방식으로 젓가락을 물고 만화책을 본 다음에 각각 재미의 정도를 10점 만점으로 평가했다. 그러자 젓가락을 문 방식에 따라 점수가 달랐는데, '이' 하고 물었을 때가 평균적으로 2점이나 높았다. 그 이유는 '이' 하고 물었을 때 근육을 쓰는 방식이 미소를 지을 때와 비슷하기 때문이다. 물론 만화가 재미있어서 웃기도 하지만, 반대로 웃는 표정을 짓고 있었기 때문에 더 재미있어졌다는 효과도 크다. 웃는 얼굴을 하면 실제로 즐거워지는 효과가 있다는 말이다.

이 실험 전에 젓가락을 '이' 하고 물었을 때 두뇌 활동을 검사한 결과 도파민 신경계가 활성화되는 모습도 발견되었다.

도파민은 쾌락을 유발하는 신경전달물질로 알려져 있다. 즉 이 실험을 통해, '이' 하고 웃는 표정을 지으면 정말로 기분이 좋아진다는 사실이 뇌과학 분야에서 최초로 입증된 셈이다.

추가로 또 다른 실험에서는 여러 가지 낱말 카드를 늘어놓고 '행복'이나 '쾌락' 등 긍정적인 단어를 찾게 했다. 이때 젓가락을 '이' 모양으로 물고 찾을 때 속도가 빨라졌다. 무시할 수 없는 효과다. 즐겁기 때문에 웃는다는 고정관념은 두뇌 중심적 발상이다. 우리 뇌가 몸에 예속되어 있는 기관이라면 얼굴이 웃고 있으니까 즐거워진다는 순서가 맞다.

왜일까? 한번 뇌의 입장에서 생각해 보자. 뇌는 두개골 속에 들어 있어서 컴컴한 감옥 속에 있는 것처럼 바깥세상 정보를 알 수 없다. 뇌가 바깥의 정보를 알 수 있는 유일한 실마리는 눈으로 보고, 귀로 듣고, 손으로 만져보는 등 신체 감각을 통해서다. 몸을 통해 들어오는 신호가 없으면 뇌는 무지한 상태라고도 할 수 있다.

몸에서 신호가 오지 않으면 뇌는 활발히 돌아가지 않는다

뇌에게는 지금 자기 몸이 어떤 상황에 있느냐가 중요하며 그 정보를 바탕으로 판단을 내린다. 웃는 모양을 만들고 만화책을 읽을 때 뇌에 입력되는 정보는 '만화를 읽고 있다는 것'과 '웃는 모습이라는 것'이다. 이 두 가지 정보를 연결시킬 가장 설득력 있는 설명은 '만화가 재미있다'는 것밖에 없다. 이 설명이 정답인지 아닌지 판단할 방법이 뇌에는 없으며, 자기 몸에서 일어나고 있는 일이 전부다. 이렇게 생각하면 뇌보다 몸이 더 중요하고 신체 활동에 끌려오는 형식으로 뇌도 활성화된다고 나는 생각한다.

요즘 세상에는 말로 설명할 수 없는 일이 종종 있지만 쉽게 부정당한다. 경험에 근거한 직감은 대부분 타당한데도 말로 설명할 수 없다는 이유로 무시당한다. 이런 문화는 매우 유감스러우며 나아가 인류의 손실이기도 하다. 나이가 들수록 더욱 자신감을 갖고 직감력을 발휘해 하루하루 충실하게 살아갔으면 좋겠다. 그리고 그런 모습을 중시하는 사회가 되었으면 좋겠다. 직감을 더욱 예리하게 만들기 위해서라도 평소에 건강관리를 잘하고 다양한 일에 흥미를 가져보도록 하자.

2

유산이 적어도
자식들은 싸운다

평범한 사람들을 위한 상속 조언

우리 집은 재산이 별로 없어서
상속 분쟁 같은 건 일어날 리 없다고
생각하는 사람이야말로 조심해야 한다.
유산액 1,000만 엔 이하의 상속 분쟁
조정 사건이 늘고 있다.

기무라 신스케(木村晋介)

1945년생. 변호사. NPO 법인 리커버리서포트센터(범죄 피해자 지원 단체) 이사장, 캄보디아의 왕립프놈펜법률·경제대학교 강사, 일본존엄사협회 이사로 활동 중이다. 『기무라 변호사, 소설과 싸우다』, 『유언장을 적어본다』 외에 다수의 책을 펴냈다.

가와쓰 순사쿠(89세, 가명) 씨는 2006년 봄, 내연녀 도미코(73세, 가명) 씨의 간호를 받으며 사망했다. 예금은 백몇십만 엔, 그 밖에 부동산은커녕 자산이라고 할 만한 것은 없었다. 법률상의 아내 도시코(85세, 가명) 씨와는 40년 전부터 별거 중이었지만 아내가 이혼을 해주지 않아 호적은 그대로 남아 있었다. 내연녀 도미코 씨와는 자식이 없었고 도시코 씨와 낳은 자녀 세 명은 모두 독립한 상태였다. 아무리 봐도 이 가정에 상속 분쟁은 일어날 리 없어 보였다.

그런데 분쟁이 일어났다. 사건의 발단은 가와쓰 씨가 도미코 씨와 30년 동안 살았던 임대 아파트가 민간 사업자의 재개발 대상이 된 데 있었다. 도쿄 나카노 구에 있는 이 집은 지은 지 45년 된 경량 철골 콘크리트 구조의 빌라였다. 그래도 처음에는 아파트라고 불렸던 곳이다.

개발업자는 한 집 한 집 이사비 협상을 시작했고 가와쓰 씨에게도 차례가 돌아왔다. 가와쓰 씨는 백내장, 녹내장에 낭뇨병까지 겹쳐 누워 지내는 상태였기 때문에 도미코 씨가 협상에 응했다. 가와쓰 씨의 건강 문제로 지금은 이사할 수 없다고 거듭 거절하는 동안 업자가 제시하는 이사 비용도 점점 높아졌다. 결국에는 800만 엔을 제시하기에 이르렀다. 그러던 중 가와쓰 씨가 뇌출혈로 사망했다. 장례는 도미코 씨를 상주로 하여 치러졌고 본처인 도시코 씨와 자녀들도 참석하여 겉보기에는 무사히 끝났다.

문제는 그 후에 일어났다. 사십구재가 지나고 도미코 씨가 개발업자에게 이사하는 쪽으로 이야기하고 싶다며 연락을 했다. 더 이상 그 낡은 집을 고집할 필요가 없었기 때문이다. 하지만 이번에는 개발업자 쪽에서 거절을 해왔다. 유산상속인과 이야기하지 않으면 안 된다는 업자의 말에 도미코 씨는 어안이 벙벙해졌다. 알고 보니 아버지가 살던 집이 개발 대상이라는 사실을 눈치 챈 가와쓰 씨 자녀들이 뒤에서 손을 썼던 것이다.

아파트 임차인이 가와쓰 씨인 이상, 임차인으로서의 그의 자격은 법률상 상속 대상이 되며 따로 유언이 없는 한 본처인 도시코 씨와 그 자녀들에게 상속된다. 하지만 그들이 가와쓰 씨를 위해 무엇을 했나? 가와쓰 씨 노후에 투병 생활을 돕고 임종을 지킨 것은 내연녀인 도미코 씨였다. 도미코 씨의 노고는 보상받는 것이 마땅했다. 나는 도미코 씨 측으로부터 사건을 의뢰받았다. 그 결과 지금까지 묻어두었던 호적상의 처자식과 후처 사이에 벌어진, 고작 15평짜리 빌라 임차권을 둘러싼 치열한 전쟁의 소용돌이에 휘말리게 되었다(사건의 구체적인 내용은 실제 상황을 각색했다).

　최근 상속 문제에 관한 사건 의뢰가 급증하였다. 우리 사무소에서 맡은 사건 중에서도 상속 분쟁이 근 3년간 1위를 차지하고 있다. 40년 변호사 생활 가운데에서도 특이한 현상이다. 더욱이 두드러진 현상은 유산 금액이 적을수록 분쟁이 치열하다는 점이다. 대법원의 사법 통계에 따르면 1년간 총 사건 접수 건수는 매년 줄어들어 2007년에는 처음으로 500만 건을 크게 밑돌았고 그 후에는 약 450만 건 전후를 오가고 있다. 그런데 가족이나 친족 사이의 분쟁을 다루는 가사 사건은 전체적으로 다소 증가하는 경향을 보이며, 특히 상속 관련 분쟁은 최근 10년간 두 배로 증가했다.

　상속 분쟁 사건 중에서 비교적 소액으로 취급되는 유산액 1,000만 엔 이하인 조정 사건을 보면 2008년에 수리된 조정 사건의 27퍼센트를 조금 넘는다. 그 가운데 약 10퍼센트가 조정에서는 합의를 보지 못하고 재판관의 판결로 강제 해결을 보고 있다. 조정이나 재판 문제로 불거지는 사건은 사회에서 실제 벌어지는 분쟁 중 빙산의 일각임을 생각하면 드러나지 않은 실제 소액 상속 분쟁은 상당할 것으로 여겨진다.

부모님을 모신 장남과 분가한 차남 사이의 분쟁

앞서 소개한 도미코 씨 사례는 조금 특수할지도 모른다. 하지만 다음과 같은 예는 좀 더 쉽게 찾아볼 수 있다. 아버지가 돌아가셨을 때는 학생이어서 유산상속 문제를 형제들이 하는 대로 내버려두었던 여성이 10여 년 뒤 어머니의 유산상속 때는 아버지 때 참여하지 못했다는 이유로 격렬하게 분쟁에 뛰어드는 경우 같은 것. 아버지 사후 상속이 이뤄질 때 어머니는 별로 배분을 받지 못한 경우도 많은데, 그렇게 되면 어머니의 유산은 당연히 적다. 이것을 다시 균등 분배하는 것은 당연히 불공평하다고 생각할 수 있다. 그렇다고 해도 아버지의 유산 배분 방식이 어머니의 유산 배분 시에 고려 사항이 되는 것은 아니다.

그리고 변함없이 많은 사례가, 부모님과 생전에 함께 생활했던 자녀(가령 장남) 가구와 분가해서 독립했던 자녀(가령 차남) 가구와의 분쟁이다. 장남 입장에서는 자신이 노부모와 동거하며 많은 어려움을 겪었다고 생각한다. 하지만 차남은 전혀 다르게 본다. 일단 형의 가족이 부모님을 그렇게 잘 모셨다고 인정하지 않는다.

이런 생각 차이는 부모님이 때때로 차남 집에 들렀을 때 장남 가족을 불평하거나 비난하면서 더욱 증폭된다. 차남 쪽에서 보면 형은 부모님 집에 살며 집세도 내지 않으니 자기들처럼 주택 대출도 없고, 손주까지 맡긴 채 맞벌이를 하니 훨씬 이득을 보고 있는 것 같다. 요컨대 사람은 자기가 얻은 이익에는 둔감하지만 타인의 이익에는 과민해지는 동물이다.

상속은 자산(부채 포함)을 가진 사람의 사망에 의해 발생한다. 일본에서 연간 사망자는 약 110만 명이다(2016년 현재 일본의 연간 사망자 수는 130만 명임—옮긴이). 연령 구성은 사회의 고령화를 반영하여 2003년 이후 75세 이상의 사망자가 전체의 60퍼센트를 넘어서고 있다. 이 사실은 거꾸로 상속받는 유족 측인 자녀도 중년 이상의 나이인 경우가 많음을 의미한다.

하지만 장남 중심의 호주승계라는 봉건적 사고에서 벗어나 배우자와 자녀 중심의 평등한 상속으로 이동한 전후戰後 상속 제도 설계는 오늘날 같은 고령화 사회의 도래를 예상하지 못했다. 입법자들은 다음과 같은 가족관을 상정했다. 하나는 유산이 가족 구성원의 협동에 의해 생긴 것, 또는 협동에 의해 생긴 부분을 포함하는 것이라는 가설이다. 그런데 경제성장이 고도화되면서 직장인 가정이 대부분을 차지하고 핵가족이 주류가 되다 보니 부모가 자산을 만드는 일에 협력한 자녀는 터무니없이 적어졌다. 오히려 학비, 자동차 구입비, 결혼 비용, 주택 마련금 등으로 부모의 자산 형성에 부담을 주는 일에만 공헌하고 있는 것이 오늘날의 자녀들이다. 나 자신도 실제 그렇다. '가족이 함께 영위한 가업을 통해 모은 가산을 그 협력자들에게 배분한다'는 사고방식을 바탕으로 유산상속의 근거를 찾기란 현실적으로 매우 어려워지고 있다.

또 하나의 가족관으로서 법정상속분의 결정 방식에 근거가 되는 사고방식이 있다. 즉, '만일 사망자가 생존해 있을 경우 그 자산을 통해 가족이 받았을 부양을, 유산 배분을 통해 법이 대신 해준다'는 사고방식이다. 하지만 이 사고방식 역시 더 이상 요즘 사회를 반영할 수 없게 되었다.

고령화사회의 진행으로 인생이 예전보다 두 배 가까이 늘어난 오늘날, 부모님 사망 시 남겨진 자녀들은 각자 나름대로 모은 재물이나 자산을 갖고 있어도 이상하지 않은 나이다. 이미 부모님의 온갖 지원을 다 받으며 이 나이까지 왔는데, 새삼스레 부모의 유산까지 얻어서 부양을 받아야 할 입장은 아닌 것이다.

물론 사망자와 함께 생활해 온 배우자에 대해서는 이른바 내조의 공로로서 '자산 형성 협력에 따른 배분', 또는 배우자도 고령임을 감안할 때 '부양을 대체하는 배분'이 필요하다는 생각이 오늘날에도 충분히 성립한다. 사회적 합리성을 잃어가고 있는 부분은 어디까지나 그러한 '배분'이라는 사고방식을 근거로 유산을 세대 간에 이전(많은 경우 자녀에게 이전)한다는 사고방식에 한한 것임을 미리 말해 두겠다.

그러면 사망자가 보유하고 있던 자산(이른바 사망자가 생존 중 쓰고 남은 자산)을 주로 자녀나 배우자라는 유족에게 넘기는 행위의 현대적인 근거는 무엇일까? 이렇게 질문하면 오로지 '가족을 생각하는 부모의 마음, 다시 말해 애정', 또 '긴 노후를 돌보고 보살피고 임종을 지켜준 것에 대한 감사' 등에 대한 사회적 배려라고 생각할 수밖에 없다. 이러한 현실에 제도는 부응하고 있는 것일까?

소액 상속 분쟁이 증가하고 있는 배경에는 자산이 고령자에게 편중되어 있다는 현실이 존재한다. 이는 고도 성장기에 왕성히 일했던 중심 세대의 자산이 사용되지 않고 비축되었기 때문에 발생한 현상이다. 이 세대는 자신들에게 긴 노후가 기다리고 있음을 아는 만큼 자산을 쉽게 소비하지 않는다. 장수 쌍둥이 할머니 킨상, 긴상(백 살 넘게 장수한 것으로 유명한 일본의 자매 할머니—옮긴이)이 TV 방송 출연료를 노후자금으로 쓴다는 우스개에 우리는 함부로 웃을 수 없다. 그들의 자산은

이 세대의 은퇴 후에 놓인 긴 인생에 사용된다. 예를 들어 고령자 중심의 주택구조 변경, 요양원 입소 비용, 노후의 각종 치료에 드는 비용 등 연금 수입이나 보험만으로는 충당할 수 없는 여러 가지 지출로 인해 현역 시절에 당당하게 모아둔 자산이 줄어간다.

여기에 장기화된 불황으로 금융자산 가치 저하도 뒤따라온다. 동시에 이런 불황 속에서 부모로부터 받을 자산 배분에 기대지 않을 수 없는 유족들이 있다. 내 경험상 이러한 사회구조가 소액 상속 분쟁을 증가시키고 있다.

가족의 모습이 바뀌었기에 '자녀는 기본적으로 균등 상속'이라는 전후의 상속제도는 당연히 수정되었어야 한다. 이러한 교정 역할을 기대했던 제도가 '기여분 제도'이다. 이 제도는 1981년에 시행된 민법 개정에서 배우자의 법정상속분을 늘리면서 함께 등장했다. 이 제도를 통해 법정상속분을 변경할 수 있는 두 가지 경우가 인정되었다.

첫 번째는 사망자가 생전에 영위하던 사업에서 특별한 노동이나 자산을 제공한 경우, 두 번째는 사망자에게 특별한 요양 간호 등을 제공한 경우이다. 이런 경우에 한해 자산의 유지, 증가에 따라 상속분 배당을 늘릴 수 있다고 법으로 분명히 인정한 것이다.

첫 번째 경우는 특히 두드러지게 협력한 구성원과 그 외의 구성원 사이에 차등을 두는 형식으로 '가족의 협력에 대한 배분'이라는 사고방식을 드러내며, 시대의 변화에 대응하기 위한 수정이라 할 수 있다. 그리고 두 번째의 방식이야말로 고령화사회에 맞추어 부모의 긴 노후에 대한 지원, 돌봄, 수발 등의 노고를 보상해 주는 역할을 하리라 큰 기대를 얻었다.

헌신적인 돌봄을 인정받아도 하루 8만 원 정도

그러나 실제 재판에서 이 제도가 해온 역할은 유감스럽게도 기대에 부응하지 못했다. 부모를 돌본 구성원, 그것도 전적으로 간호에 임한 구성원에 대한 기여분 인정 비율은 높아야 총 유산의 15퍼센트 정도, 통상은 몇 퍼센트에 그친다. 부모와 함께 살며 간호했던 자녀가 기여분을 주장했으나 부모 집에 무료로 동거하고 있었다는 이유로 기여분을 인정받지 못한 경우도 있다. 가정법원은 법정상속분 제도를 뒷받침하던 가족상이 오늘날 거의 무너진 것을 아는지 모르는지 여전히 획일적인 '법정상속분에 따른 분할'이라는 틀에서 벗어나지 못하고 있는 듯하다.

예를 들어 비교적 최근 가사재판(오사카, 2007년 2월)의 판결을 살펴보자. 기여분을 주장한 측이 사망한 치매 아버지를 3년간 헌신적으로 돌보았고 모친의 투병 생활 및 부모의 가사 전반을 보살펴 온 경우였지만, 기여분으로 인정받은 금액은 '하루 8,000엔×3년=876만 엔(약 890만 원—옮긴이)'에 불과하다. 이처럼 어떻게든 부모 돌보는 일을 기여분으로 인정받아도 하루 5,000~8,000엔인 경우가 대부분이고 많아야 하루 1만 3,000엔까지이다. 소액 상속의 경우에는 하루 8,000엔으로 잡고 2, 3년을 계산하면 총 유산의 50퍼센트를 크게 넘어버리기 때문에 부모 돌봄으로 인정받을 수 있는 기여분 금액은 더욱 줄어든다.

이렇게 되니 유산 분할 과정에서 기여분을 주장하는 것이 아니라 돌아가신 부모의 부양료 분담을 다른 형제자매에게 청구하는 사례도 나타난다. 기여분은 인정하지 못했으나 부모님 생전 부양료에 대해 형제자매에게 분담을 인정한 판례가 실제로 있다.

앞머리에 서술한 도미코 씨의 사례에서도 이 판례는 큰 도움이 되었다. 도미코 씨는 법정상속 대상조차 아니어서 애초에 기여분 따위는 청구할 수 있는 입장이 아니었다. 하지만 "이 사람은 지금까지 가와쓰 씨를 부양해 왔으니 모두에게 부양료로서 금액을 청구하는 것입니다." 하고 덧붙인 말이 꽤 효력을 발휘한 듯하다. 결국 도미코 씨가 퇴거비의 70퍼센트를 받는 것으로 결말이 났다. 이 판결은 사실상 내연녀의 기여분이 인정된 것과 마찬가지인 셈이다.

공평성을 보증하는 최후의 실질적 수단은 역시 유언이다. 실제로 유언은 강력한 분쟁 예방 수단으로, 소액 상속에서도 예외가 아니다. 안전성의 관점에서 보면 자필증서 유언(작성일을 포함해 전부 자필로 작성되고 서명날인이 있어야 함)보다도 공증사무소에서 공증인이 작성해 주는 공정증서 유언이 확실성이 높다.

최근 10년 동안 공증사무소에 찾아오기 힘든 고령 노인들을 위해 공증인이 자택이나 병원으로 출장 나가 유언을 작성해 주는 사례가 꾸준히 늘고 있다. 그럼에도 소액 상속 분쟁은 끊이지 않는다. 옛날보다 공정증서 유언을 작성하는 수가 늘었다고는 해도 연간 8만 건에도 미치지 못한다. 자필증서 유언일 때는 의무적으로 가정법원에 유언장 검인을 신청해야 하지만, 신청 건수가 연간 약 1만 2,000건을 조금 넘을 뿐이다. 연간 사망자 수 110만 명인 시대에 모두 지나치게 적은 숫자이다.

소액 유산 분쟁이 점차 늘어나 재판이나 조정에 이르는 경우가 30퍼센트에 이르는 시대에 '사람들이 왜 유서를 쓰지 않는지' 새삼 질문해 볼 가치가 있다. 유서를 작성해야 할 나이인데 쓰지 않는 이유를 물으면, 그렇게 써둘 만큼의 자산이 없기 때문이라고 답하는 경우가 많다. 하지만 앞서 말했듯이 소액 상속이기 때문에 더욱 분쟁이 발생할 수 있다.

노후에 자신을 누가 돌봐 줄지 미리 알 수 있다면 자연히 그 사람에게 많은 재산을 분배해 주고 싶을 것이다. 하지만 유서를 쓰지 않는 심리의 바탕에는 핵가족화가 진행된 오늘날 누가 나의 최후를 돌봐 줄지 알 수 없다는 어려움이 있다.

이와 같은 고민을 하는 노년 분들을 위해 내가 '맡기기 유언'이라는 이름으로 추천하는 방식이 있다. 상속분이나 유산 분할 방식을 제3자에게 위탁하는 형식의 유언이다. 유언자로부터 위탁 받은 제3자가 유언자 사후, 그간의 모든 사정을 감안해서 유산의 분배 방식을 결정하는 형식이다. 예를 들면 이런 내용이다.

유언자 ○○○는 모든 유산에 대해 아래에 쓴 사람에게 상속인 전원의 상속분 및 유언자의 자산 분배 방식을 지정할 것을 위탁하며 동시에 아래에 쓴 사람을 유언 집행자로 선임한다.

주소 :
성명, 직업 :

이 방식을 이용하면 각 상속인이 유언자 및 그 배우자의 돌봄에 임한 정도, 각각의 자산이나 생활수준 등을 전부 조사하여 유언 집행자가 유산 분배 방식을 실질적으로 공평하게 결정할 수 있다. 유언 작성자의 마음을 편하게 해줄 수 있는 이 맡기기 유언(민법 902조)은 좀 더 이용될 필요가 있다. 단, 소액 상속이라고 해도 변호사가 전임하는 경우에는 유산액의 2~3퍼센트 정도를 지출할 각오를 해야 한다. 믿고 맡길 수 있는 다른 적절한 사람이 있다면 가장 좋을 것이다.

생전 증여 시 유의할 점

상속세를 둘러싼 과세 움직임에 대해서도 살펴보자. 조만간 세법 개정을 통해 상속세의 기초 공제액이 변경된다(2013년 아베 총리는 소비세율 인상을 예고했지만 이후 두 차례 증세를 연기했다—옮긴이). 종전의 '5,000만 엔+1,000만 엔×상속인 수'까지 비과세에서 '3,000만 엔+600만 엔×상속인 수'까지 비과세로 개정될 예정이다. 거품이 무너지고 붕괴를 향하는 시대 상황에서 과도한 상속세 부담을 줄이고자 끌어올렸던 기초 공제액이 전후 처음으로 낮아지는 셈이다(기초 공제액이 클수록 세금이 적어지고 기초 공제액이 낮아지면 세금이 많아진다—옮긴이).

반면, 생전 증여에 대해서는 기존의 무거운 과세를 완화하는 경향이다. 기존에는 부모가 특정 자녀에게 자산을 넘겨주고 싶어도 생전에 자산을 증여하면 고율의 증여세가 부과되기 때문에 유언을 통한 증여를 선택할 수밖에 없었던 측면이 있다. 그러나 2003년부터 도입된 '상속 시 정산과세제도'에 따라 65세 이상인 부모가 20세 이상의 자녀에게 2,500만 엔까지 증여할 경우, 최종적으로 상속 시의 상속세율로 정산할 수 있게 되었다. 따라서 증여 시에 미리 지불한 세금(일률 20퍼센트) 중 상속세에 따른 세액의 초과분이 환급되고, 초과되지 않는 만큼은 상속세에서 공제하게 되는 것이다.

　곧 시행될 세법 개정에서는 자산을 넘겨주는 증여자의 나이를 65세 이상에서 60세 이상으로 낮추고 넘겨받는 수증자를 자녀만이 아닌 손자, 증손자까지 확대하는 등 약간의 손을 보았지만 골격은 변함이 없다. 이에 따라 고령자가 다음 세대로 자산을 이전할 때 유언 외에도 생전 증여가 큰 선택지가 되었다.

　하지만 이럴 경우 생전에 증여는 했지만 증여자가 기대하고 또 증여받은 측도 약속했던 증여자 및 그 배우자에 대한 노후의 돌봄이 이뤄지지 않는다는, '받기만 하고 입 씻는' 경우도 생겨나 도리어 분쟁의 근원이 될 수 있다. 이 문제를 방지하려면 증여를 할 때 수증자가 증여자 및 그 배우자에 대한 노후 돌봄을 충실히 수행할 것을 증여 계약서에 강조해 두는 방법밖에 없다. 이것을 부담부 증여, 또는 조건부 증여라고 한다. 계약서를 작성해 놓으면 수증자가 약속을 위반할 경우에 증여를 해제·취소할 수도 있다. 이런 특수한 계약서를 쓰는 방법에 대해서는 유언자에 따라 사례가 다르기 때문에 변호사와 상담하는 것이 좋다. 증여계약서 작성료는 '증여하는 자산의 1퍼센트+7만 엔'이 시세이다.

어찌 됐든 오늘날 이러한 소액 상속에 알맞은 유언의 방식이나 생전 증여의 상속 시 정산과세제도 등을 서민들이 알아야 할 지식으로서 홍보해 나가는 노력이 더욱 필요하다.

⊙ 한국의 경우

자식들이 재산 때문에 싸우지 않도록
부모로서 할 일

─안병용(법무법인 한결 대표변호사)

　한국도 베이비부머 전후 세대들이 60, 70년대 고도성장기와 80년대 호황기에 경제활동을 하면서 상당한 재산과 소득을 보유하게 된 경우가 많다. 이들이 우리 사회 고령화의 첫 세대를 이룬다. 이들 노년 세대가 사망한 후 30, 40대의 자녀들이 상속 재산을 두고 다투는 경우가 늘어나고 있다. 고령화를 감안할 때 향후 상속을 받는 자녀 세대는 40대, 50대를 넘어설 것으로 예상된다.

　수명이 늘면 당연히 노후 생활 자금이 계속 필요해진다. 세계적인 저성장과 경기침체의 여파로 생활의 어려움이 가중되면서 가족들 사이에 상속을 둘러싸고 크고 작은 다툼이 불가피하게 생겨날 수밖에 없다. 우리나라도 소위 '딸들의 반란'이라는 언론보도가 심심치 않게 날 정도로 딸들이 상속분과 유류분(상속 재산 가운데 일정한 상속인을 위해 반드시 남겨두어야 하는 일정 부분으로, 우리 민법에서는 자녀들에게 법정상속분의 2분의 1을 반드시 남겨주어야 한다)을 찾기 위해 적극적으로 권리 행사를 하는 사례가 늘면서 상속 분쟁도 증가하고 있다.

　과거 우리나라 법원은 자식이 부모를 모시는 것을 당연한 의무로 여겼고 부모 집에 기거하면서 부양과 병수발을 맡아도 특별히 자식의 '기여분'을 인정하지 않는 경향을 보였다. 그런데 최근에는 부모를 부양하고 수발든 자녀의 노력과 경제적 비용을 고려하여 그 전액을 기여분으로 인정하는 법원의 판결이 나오고 있다.

　자녀들 사이에 부모의 재산을 두고 다툼이 일어나는 사례가 증가하면서 노인 세대에서는 자녀들 사이의 분쟁 여지를 없애고 '깔끔하게 유산을 정리하는' 방안을 고민하게 되었다.

　재산이 아주 많은 사람들은 이런 다툼을 없애기 위해 혹은 자신의 인생철학에 따라 상속 재산의 상당 부분을 공익단체에 기증하기도 한다. 그렇지 않은 경우 보통은 법에 정한 대로 맡겨두고 특별한 유언이나 대책 없이 세상을 떠나기도 하지만 최근에는 미리 유언장을 만들거나 금융기관에 신탁을 문의하는 사례도 많아지고 있다.

　이러한 세태를 반영하여 우리나라도 2011년 신탁법을 개정하면서 '유언 대신에 하는 신탁'이라는 뜻의 '유언대용신탁' 제도를 신설했다. 유언장은 법에서 정한 유언사항에 한정하여 효력을 발생하지만 유언대용신탁은 '유언'의 내용을 유연하게 정할 수 있기 때문에 상속 재산을 맡기려는 사람들이 세세하게 재산의 운용이나 배분 시기, 배분 비율, 배분 방법 등을 정할 수 있다. 이때 자녀들이 어리거나 재산 관리 능력이 부족하다면 자녀들의 성향이나, 우애, 갈등관계 등을 세심하게 고려해야 한다. 그냥 두었을 때 자녀들 사이에 다툼이 예상되는 경우에는 유언대용신탁이 활용될 여지가 많아진 것이다.

일본에서는 우리나라보다 훨씬 먼저 유언대용신탁제도를 법률적으로 인정했다. 앞에서 나온 '맡기기 유언'도 '유언신탁'이나 유언을 대신할 수 있는 '유언대용신탁'을 말하는 것으로 보인다. 법정 상속에 대응하는 유언, 유언신탁, 유언대용신탁을 비교·정리하면 아래 표와 같다.

	유언	유언신탁	유언대용신탁
효력 발생	사망 시	사망 시	생전 신탁
형식	법정 양식	법정 양식	신탁 계약
유언 사항	법정 유언 사항	법정 유언 사항	계약으로 상속 재산 분배 비율, 지급 시기, 지급 방법, 지급받을 대상 지정 등이 가능
재산 관리 유언 집행	사망 후 유언 집행자	사망 후 신탁회사	생전, 사후 모두 신탁회사 (자산운용도 가능)

※ 유언을 하더라도 법률상 유류분 몫만큼은 주어야 한다.

3

고통 없이
떠날 수 있을까?

직각형 노화의 증가와 말년의 현실

'말년에는 다 병석에 누워 오랫동안
수발을 받으며 살아야 한다'는 통념에
노년학 권위자가 정면으로 반론한다.

시바타 히로시(柴田 博)

1937년생. 의학박사, 일본응용노년학회 이사장, 인간종합과
학대학교 대학원 교수, 오비린 대학교 명예교수 겸 초빙교수.
국내에 번역된 『고기 먹는 사람이 오래 산다』 외에 여러 권
의 책을 저술했다.

내가 '핑핑코로리'라는 말을 처음 들었을 때가 10여 년 전이다. 일본에서 열린 국제회의 파티 석상에서 평소 알고 지내던 미국의 노년학자가 나에게 'PPK'라는 말을 아느냐고 물었다. 내가 미국의 유행어냐며 반문하니 그게 아니라 일본인에게 들은 말이라고 했다. 겸연쩍어진 나는 가까이에 있던 일본인 교수에게 물어 그것이 '핑핑코로리'의 약자임을 알게 되었다. 다시 미국 노년학자에게 '죽기 직전까지 팔팔하게 살다가 마지막에 훅 가는 것'이라고 설명해 주니 그가 흥미롭다는 반응을 보였다.

'핑핑코로리'라는 말은 1983년 일본 체육학회의 '핑핑코로리(PPK) 운동에 대해'라는 강연을 통해 처음 등장했다. 하지만 핑핑코로리 붐이 일어난 시기는 내가 처음 들었던 1990년대 후반 이후부터였다.

일본에는 옛날부터 핑핑코로리에 가까운 '돌연사 신앙'이 있었다. 나라 현에 가면 참배객이 말년에 고생하지 않고 단번에 저세상으로 갈 수 있게 해준다는 폿쿠리데라('폿쿠리'는 갑자기 푹 쓰러져 죽는다는 뜻이고 '데라'는 절을 가리킴—옮긴이)가 많고, 전국적으로 50여 개가 있다.

이처럼 병으로 오래 자리에 눕지 않고 단번에 저세상에 가고 싶다는 바람이 최근에 시작된 것은 아니지만 요즘 들어 특히 두드러지는 것 같다. 이러한 심리의 배경에는 '사람은 장수할수록 병으로 누워 지내는 기간이 길어진다'는 통념이 있다. 인류가 기아나 전염병으로 어이없이 생명을 잃었던 시대와 비교하면 확실히 병을 얻어 어느 정도 장애를 겪다가 죽음에 이르는 것이 당연한 시대가 되었다.

그러나 수명이 늘어난 만큼 누워 지내는 기간도 길어진다는 생각은 명백히 사실과 다르다. 인간의 한계 수명 가까이까지 장수한 100세 노인들을 보면 별로 오래 누워 있지 않고 큰 고통 없이 세상을 뜨는 것이 보통이다. 정말 반가운 소리가 아닐 수 없다. 사람들도 이와 같은 사실을 어렴풋이 느끼고 있다. 하지만 주변 사람들의 다양한 죽음을 볼 때마다 나 자신은 어떤 코스를 밟게 될지 예측할 수 없다는 점에 불안의 근원이 있다. 낙관적인 사람은 자기 인생은 짧고 굵게, 별로 아프지 않고 죽을 것이라고 확신한다. 비관적인 사람은 병으로 오래 누워 있을 때를 준비하려면 아직 노후를 위한 자금이 부족하다고 생각한다.

이렇게 말하는 나도 부친과 모친 양쪽 조모의 대조적인 말년을 목격했다. 두 분 다 80대 후반까지 장수하셨다. 친할머니는 셋째아들과 같이 살고 계셨는데, 일본 최초의 여자대학인 일본여자대학에 입학했던 대단한 독서가셨다. 새로 발행된 일본문학전집을 죽기 전까지 다 읽고 싶다며 자는 시간도 줄여가며 열독하셨다. 새벽 4시경, 할머니가 침소에서 아직 책을 읽고 계신 걸 셋째아버지가 확인했는데 항상 7시에 일어나시던 할머니가 아침이 돼도 아무 소리가 없으셨다. 가족들이 침소를 들여다보니 할머니는 잠자듯이 숨을 거두신 후였다. 문자 그대로 핑핑코로리였다.

한편 외할머니는 전쟁 전 여자사범학교를 졸업하고 정년까지 초등학교 교사 생활을 하신 분이었다. 사무소 직원이었던 할아버지와 함께 부업의 수준을 넘는 대규모 밭농사를 지어 재산을 모으셨다. 하지만 몸을 무리하게 쓰셨는지 보통은 젊을 때 걸리는 류머티즘이 은퇴 후 찾아왔다. 사지의 관절이 오그라들어 배설도 사람 손을 빌려야 하는 기간이 10여 년이나 계속되었다.

이 두 분의 예에서 보듯 같은 노년기라도 비교적 젊을 때 신체장애가 생기면 누워 지내는 기간이 길어진다.

가족 중에 대조적인 말년을 보낸 두 분을 목격하고 보니 나 자신은 어떤 코스를 밟을지 불안해지기도 한다. 다른 이들의 심경도 그리 다르지 않을 것이다. 과연 전체 인구의 평균적인 상황은 어떤지 알고 싶어진다. 거기에 답하는 조사연구가 있다.

이제 40년 전쯤으로 시간을 돌려보자.

최후에 누워 지낸 기간은 과반수가 1개월 미만

1970년은 새 시대를 연 해였다. 일본의 65세 이상 인구가 총인구의 7퍼센트를 넘어선 해이다. 65세 이상 인구가 7퍼센트 이상이 되면 고령화사회, 14퍼센트 이상이 되면 고령사회라고 한다. 1972년에 출간된 아리요시 사와코의 소설 『꿈꾸는 사람』은 치매 노인을 모시고 사는 중년 부부의 이야기를 다루어 화제가 되었다. 그 책으로 인해 고령화사회는 장애 노인이 넘쳐나는 사회라는 인식이 생기기도 했다.

당시에는 사람이 나이를 먹으면 인격도 능력도 비탈길을 굴러 떨어지듯 급격히 떨어져 죽음을 향해 간다는 생각이 일반적이었다. 오래 살수록 장애 기간이 길어지며 사회에는 장애 노인이 쌓여간다고 생각한 것이다. 그러던 중 나는 어느 의학 잡지에서 '고령화사회가 진행되면서 장애 노인은 증가하는가, 감소하는가'를 예측하는 원고를 의뢰받았다. 처음으로 이 주제를 정면으로 마주해야 할 상황에 놓인 것이다.

나의 결론은 다음과 같았다. '특정 연령(예를 들면 75~80세)의 고령자층에서 장애인 비율이 증가하지는 않을 것이다. 평균 수명이 연장된 사회의 건강도는 갈수록 향상된다. 일단 장애가 생기면 자립한 고령자보다 수명이 짧아져 사회에 그 인구가 축적되지 않는다. 그런데 장애 비율은 낮아지더라도 고령 인구가 그 이상으로 늘어나므로 병석에 누워 지내거나 치매 등의 장애를 지닌 고령자 수는 증가한다. 따라서 보호시설 및 인력이 그에 맞게 준비될 필요가 있다.'

그런데 왜 사회 전반에 '인생 말년에는 오랫동안 누워 지내다가 죽는 법'이라거나 '몸이 불편한 노인이 사회에 늘어간다'는 통념이 고착되었는지 생각해 보았다. 아마도 지금까지의 조사가 지극히 특수한 대상에게만 이루어진 것이 아닌가 싶었다. 예를 들면 '특별요양 노인홈' 입소자를 들 수 있다. 가정 내에 지금보다 간병 인력이 훨씬 많았던 시대에 시설에 들어간 노인들은 매우 장기간 머물렀으며 장애도 지니고 있었다. 지역 기관에서 장애인 판정을 받은 사람들도 있었는데 당시에는 6개월 이상 누워 지내는 상태가 아니면 장애인 판정을 받을 수 없었다.

1980년대에 들어서 그때까지 내가 품고 있던 의문에 답하는 조사 결과가 드러났다. 바로 총리부에서 실시한 '최후의 병구완 조사'(1982)이다. 1980~81년에 걸쳐 70~84세에 사망한 전국 1,243명 노인의 가족을 대상으로, 환자의 최후 상태를 누워 지낸 기간을 중심으로 조사한 것이다. 이 보고서는 여러 가지 이유 때문에 공식적으로 발표되지는 않았다. 나와 공동 연구자들이 1985년에 출간한 『오류투성이 노인상』에 허락을 받고 이 조사의 일부 최초로 공개했다. 따라서 기존 관념에 일격을 가한 이 데이터가 세상에 알려진 시기는 1980년대 후반이었다.

우리는 이 총리부의 자료를 좀 더 상세히 분석할 허가를 얻지 못했고, 또 더 낮은 연령대의 실태를 살펴보고 싶었기 때문에 새로운 조사를 실시했다. 야마가타 대학 의학부 공중위생학교실과 협력해 야마가타 현 후지시마 읍에서 3년간 40세 이상에 사망한 모든 사망자 가족을 대상으로 총리부 조사와 같은 질문을 던진 것이다. 총리부 조사와 우리 조사를 합친 데이터를 [그림1]에 나타냈다. 두 조사의 결과는 놀랄 만큼 흡사하다. 연령대 구성에 큰 차이가 있음에도 말이다.

비교해 보자. 최후에 누워 지낸 기간이 2주 미만인 경우는 후지시마가 45.8퍼센트로 총리부 결과를 웃돌고 있다. 하지

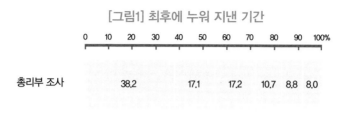

[그림1] 최후에 누워 지낸 기간

	0	10	20	30	40	50	60	70	80	90	100%
총리부 조사	38.2			17.1		17.2		10.7	8.8	8.0	

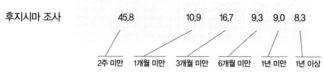

	0	10	20	30	40	50	60	70	80	90	100%
후지시마 조사	45.8			10.9		16.7		9.3	9.0	8.3	

2주 미만　1개월 미만　3개월 미만　6개월 미만　1년 미만　1년 이상

두 조사 모두 대부분의 경우 최후에 누워 지낸 기간은 그렇게 길지 않다.
출전: 야스무라 세이지, 시바타 히로시 외, 《일본공중위생잡지》 37권 851쪽, 1990.

만 1개월 미만까지 합치면 전자 56.7퍼센트, 후자 55.3퍼센트로 거의 차이가 없어진다. 최후에 누워 지낸 기간이 6개월 이상인 경우는 총리부의 조사에서 16.8퍼센트, 후지시마에서 17.3퍼센트이다. 1년 이상인 경우는 각각 8.0퍼센트, 8.3퍼센트에 불과하다.

시설에 들어가거나 장애인 판정을 받고 집에서 지내는 고령자는 특수한 경우여서 최후에 누워 지낸 기간이 긴 것이며, 고령자를 대표하는 상황이라고는 할 수 없다. 다만 최후에 누워 지낸 기간의 정의 방식에 따라 데이터는 다소 달라진다. '병석에 눕거나 병석에서 일어난 시기'를 최후에 누워 지낸 기간으로 본 1995년의 후생성 데이터에서는 평균 8.5개월로 되어 있다. 흥미로운 점은 이 후생성 조사에서 사망 전날까지 자립 생활이 가능했던, 말 그대로 '핑핑코로리'였던 사람은 65세 이상 전체 인구의 12.1퍼센트를 점하고 있다는 사실이다.

오래 살게 된 만큼 건강한 기간도 늘어난다

1980년대 들어서까지 많은 사람들이 '죽기 전에는 오랫동안 병석에 누워 지내게 된다'고 굳게 믿어온 이유 중 하나는 앞서 말했듯 평균적인 임종기의 실태를 조사한 연구 자료가 존재하지 않았기 때문이다. 그와 동시에 인간의 노화에 대해 [그림2]에 나타낸 '종래의 노화 모델'이 받아들여져 왔기 때문이기도 하다. 즉 사람은 나이가 들면서 인격이나 능력이 비탈길을 굴러 떨어지듯 쇠퇴하여 쓸쓸하게 죽어가는 법이라고 오랜 세월 굳게 믿어져 왔다.

그러나 1980년, 인구학자 제임스 프라이스는 인류의 생존 곡선 유형을 역사적으로 분석하여 사망 유형이 점차 직각형으로 변해 간다고 밝혔다. 1900년대 초에 유럽과 미국의 평균 수명은 50세 정도였으므로 태어나서 50세까지 생존자가 절반 정도 남게 되는 유형이었다. 그러나 지금은 80세 이후까지 상

[그림2] 종래의 노화 모델과 새로운 노화 모델

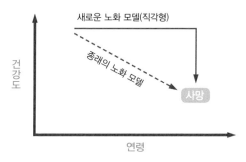

새로운 노화 모델은 직각형 노화 또는 종말저하 등으로 부른다. 인간은 본래 새로운 노화 모델처럼 노화하는데 시대 변화와 함께 이 경향이 강해지고 있다.
출전: NPO법인 생활복지환경만들기21, 일본응용노년학회 공동 편저, 『고령사회의 '생.활(生.活)' 사전』 사회보험출판사, 2011.

당수가 생존하며 100세 가까이 되어 1년생 초목이 한꺼번에 시들듯이 일제히 사망하는 유형, 즉 직각형 노화 형태로 바뀌었고 개인의 노화도 마찬가지라고 프라이스는 지적했다.

이와 같은 노화 형태를 심리학에서는 종말저하終末低下라고 한다. 장수하게 된 기간은 본질적으로 건강한 기간이 연장되었음을 의미한다. 죽음의 문턱에서 기력이 급속도로 쇠퇴한다는 개념이다. 그렇지만 심리학 논문을 주의 깊게 읽어보면, 죽음 직전에 기력이 떨어진다고 해도 부분적인 지원, 예컨대 장을 볼 때 남의 도움이 필요해지는 시점은 죽기 2년쯤 전부터이다. 사람은 태어나서 2년 정도, 혼자 걷지도 못하고 보호를 받으며 성장한다. 저세상에 불려갈 때도 돌봄을 받으며 여행길에 나서도록 되어 있는 셈이다. 그런 맥락에서 '핑핑코로리'를 이야기해야 할 것이다.

다시 앞의 이야기로 돌아가 PPK를 살펴보자. 돌연사 신앙이나 핑핑코로리 신봉 같은 사고방식이 서구에도 없는 것은 아니다. 약 3년 전 미국의 의사, 약사, 간호사 등 의료 전문가에게 '당신은 어떤 방식의 죽음을 바라는가?'로 설문조사를 시행하여 결과를 정리한 논문이 의학 잡지에 게재되었다. 대세는 '심장병으로 단번에 죽고 싶다'는 것이었다. 논문에서는 "우리는 과연 무엇을 위해 국민 사망 원인 1위인 심장병 예방활동을 하고 있는가?"라며 복잡한 심경을 드러냈다.

어찌 됐든 말년에 병석에 누워 있는 기간을 줄이고 싶다는 바람은 일본인, 특히 여성들 사이에 두드러지게 나타나고 있다. 일본 노년 여성의 자살률이 헝가리, 러시아에 이어 3위를 차지하고 있는 실태도 이와 무관하지 않다. 고령자의 자살 원인에는 경제적 문제나 질병, 장애 등이 있다. 일본 남성의 경우 중년기의 자살은 많지만 노년기에는 오히려 낮아진다.

나는 일본인의 자살 문제에서 성별 차이가 나타나는 원인을 이렇게 생각한다. 일본인 고령자 부부의 나이 차이는 평균적으로 남성이 세 살 위이다. 게다가 평균 수명은 남성 쪽이 일곱 살 적다. 황혼 이혼이 늘고 있다 해도 대개 많은 남성들이 아내의 수발을 받으며 임종을 맞는다. 하지만 아내 쪽은 남편을 떠나보내고 10년 남짓 지나 혼자서 임종기를 맞게 된다. 물론 가족과 함께 사는 여성도 적지 않다. 하지만 시설에 들어가 있는 여성보다 가족과 함께 살고 있는 여성의 자살률이 더 높다는 점에 문제의 복잡성과 심각성이 상징적으로 드러난다.

지금까지 우리의 연구를 통해 보면 일본의 자립적인 노년 여성의 생활이나 인생에 대한 만족도는 세상과 가족을 위해 자신이 도움이 된다고 확신할 때에 가장 높게 나타났다. 대조적으로 세상과 가족을 위해 도움이 될 수 없는 장애에 빠졌을 때는 행복이나 삶의 보람을 잃는 경향이 있다.

어떤 조사에 따르면 일본 중년 여성들 사이에 최근 '암으로 죽고 싶다'는 사람이 늘고 있다고 한다. '암으로 사망하면 치매나 누워 지내는 상태에 빠지지 않기 때문'인 듯하다. 암으로 죽는 사람은 나이가 젊은 경향도 있어 장애를 겪는 사례가 분명히 적기는 하지만, 참으로 애처로운 바람이 아닌가 싶다.

앞에서도 말했듯이 말년에 2년 정도 부분적인 지원을 받으며 저세상으로 불려가는 것은 섭리이다. 말 그대로 핑핑코로리 신봉이 고령자 자살을 부추기는 일이 없기를 간절히 바란다.

밝게 나이 먹기
위하여

요시유키 가즈코(吉行和子)

1935년생. 배우, 수필가. 애니메이션 〈기쿠지로의 여름〉, 〈벼랑 위의 포뇨〉 등에 목소리 출연을 했으며 〈소중한 사람〉이라는 영화에서 치매 환자 역할을 맡아 인상 깊은 연기를 펼쳤다. 〈동경가족〉으로 2014년 일본 아카데미상 여우주연상을 수상했다.

가네코 도타(金子兜太)

1919년생. 하이쿠 시인. 일본은행에서 만 55세까지 근무하다가 정년퇴직한 후 시인으로 활동하기 시작했다. 많은 문학상을 탔고 지금은 현대 하이쿠협회 명예회장직을 맡고 있다. 2015년 아베 신조 총리가 집단자위권 법안을 강행처리한 데 맞서 "아베 정치를 용서할 수 없다."라는 문구를 직접 써서 배포한 것으로도 유명하다.

요시유키   선생님, 오랜만입니다. 작년 가을에 입원하셨다는 소식 들었는데, 이제 다 나으신 건가요?

가네코   예, '유천포창'이라고 피부에 수포가 생기는 특이한 병에 걸려서 9월에 입원했었지요. 지금은 나았지만 아직 약을 좀 더 먹어야 해요. 그 덕에 혈당치가 떨어져서 인슐린 주사를 직접 놓고 있습니다.

요시유키   그러시군요. 변함없이 건강해 보이시는데요. 부디 몸조심하시길 바랍니다.

가네코   감사합니다. 약과의 인연은 여전하지만 이제는 완전히 건강합니다!

요시유키   선생님은 병에 쉽게 지지 않을 거라 생각했어요. 그동안 건강하게 오래 사신 비결이 뭔가요?

가네코   글쎄요. '오래 살아야지' 생각한 적은 없습니다. 솔직히 말하면 그런 생각을 할 틈도 없을 만큼 하루하루 바쁘게 살아왔죠. 아내가 1997년부터 한 9년 동안 암 투병을 했어요. 수술하고 또 수술하고 그러다 임종을 맞았지요. 나로서는 최대한 할 수 있는 건 다 해주고 싶었고, 충분히 요양하도록 해주자는 마음이어서 돈이 술술 빠져나갔어요. 하지만 아시다시피 당시 시인으로서 제 수입이란 게 '아내도 나도 건강하기만 하면 어떻게든 먹고 살아갈 수 있을' 정도의 수준인지라 더 악착같이 일했지요. 아내는 그때까지 여러모로 나를 내조해 줬으니 거기에 보답하려고 무조건 일했습니다. 그때 나는 70대 중반이었는데 강연 기회가 있으면 전국 어디든 날아가고 원고 의뢰를 받으면 마구마구 썼어요. 1분 1초가 소중했지요. 내가 아프면 끝장이라고 항상 생각했습니다.

요시유키   그 심정, 너무 잘 알지요. 저는 지금 103세 되신 어머니랑 같은 아파트에 사는데 자질구레한 생활 전반을 도우미 아주머니에게 맡기고 있어서 역시 돈이 들어요. 그래도 그 때문에 일을 열심히 하는 측면도 있어서 지금 건강하게 지내는 바탕이 된 건지도 모르겠어요. 물론 좋아하는 일을 할 수 있어서 감사하다고 생각하지요.

가네코   저랑 마찬가지네요. 당시에 저는 어찌 됐든 벌어야 한다는 생각이 매우 컸어요. 같이 사는 아들 내외에게 기댈 수는 없다, 아내에 대해서는 전부 내가 감당해야 한다고요. 그 에너지가 건강의 원천이었다고 생각합니다. 결국 아내는 80세에 떠났지만 그때 나는 86세였고, 그 기세로 살아남아 91세가 되었네요.

요시유키   도저히 그 나이로는 보이지 않으세요. 뵐 때마다 건강해지시는 느낌이에요.

가네코   장수 동지인 세이로카 국제병원 이사장 히노하라 시게아키(104세인 지금도 현역으로 일하는 심장내과 전문의. 여러 저서를 출간했고 한국에도 다수가 번역되어 있음—옮긴이) 선생님과 대담을 하기도 했습니다.

요시유키   그 책 『듬뿍 살다』는 저도 읽었어요. 히노하라 선생님도 올해 100세인데 굉장히 정정하시네요.

가네코   히노하라 씨도 '어떻게 하면 오래 살까' 같은 생각은 전혀 안 하시더라고요. 정말로 소박하고 순진해서 일단 지금 하고 싶은 일을 한다는 사람이에요. '역시 이렇게 아이같이 자기 생각대로 살아야 장수하는 거구나' 하고 절실히 느꼈지요. 그래서 저도 오래 살겠다느니 하는 생각은 특별히 하지 않고 '있는 그대로 살아가자', '그때그때 최선을 다하자'고 생각합니다.

요시유키   저도 어떻게 하면 오래 살까 같은 생각은 전혀 하지 않습니다. 되는대로 둘 수밖에 없다고나 할까요.

가네코   내가 있는 그대로 살아가자고 생각한 또 한 가지 큰 이유는 어머니가 104세까지 멀쩡히 사셨기 때문입니다. 마지막 문안 갔을 때 "몸은 어떠세요?" 하고 물었더니 "오! 요타 왔구나." 하셨어요. 어머니는 나를 도타라고 부르지 않고 요타(못난이라는 뜻의 '요타모노'의 준말—옮긴이)라 불렀는데 그때도 "요타 왔구나. 만세!" 하고 돌아가셨죠. 밝게 편안히 돌아가셨어요. 그런 어머니를 봤기 때문에 어떻게 하면 오래 살까 같은 생각은 해본 적이 없어요.

요시유키   저희 어머니도 올해 여름으로 104세이십니다.

넘어져서 걷지 못하게 됐을 때 의사 선생님이 "지금 자리에 누우면 100퍼센트 치매 됩니다." 했었지만 아직도 정신은 말짱해요. 요전에 제가 출장에서 돌아와 "어때요, 건강하세요?" 물으니 "건강하고말고. 이렇게 건강해서 안 죽을까 걱정된다." 하시네요. 하하. 본인이 죽지 않을까 봐 걱정하고 계세요. 그렇게 말짱한 어머니인데 제가 걱정해 봐야 뭐하겠어요. 하물며 엄마보다 훨씬 젊은 나를 걱정한들 별수가 없으니 그냥 되는대로 맡기는 수밖에 없다고 생각해요.

가네코   모친이 장수하고 계시니 장수가 당연하게 느껴지지 않나요?

요시유키   예. 보통은 100년 넘게 산 사람이 옆에 있으면 신기할 테지만 실제로 옆에 있으니 별로 특별하게 느껴지지 않네요.

가네코   저에게도 장수라는 게 별로 특별하지 않아요.

요시유키   그래도 선생님, 오래 사느냐 마느냐는 둘째 치고 살아 있는 동안에는 즐겁게 살아야 하지 않겠어요?

가네코   물론이지요.

요시유키   즐기려면 건강해야 하지요. 하지만 젊을 때에 비하면 건강하기 위해서 지켜야 할 일들이 몇 가지 늘었습니다. 예를 들어 무리하지 않고 충분히 숙면을 취해야 한다거나.

가네코   역시 그렇죠. 건강하게 살려면 그래야 하지 않을까요. 즐겁게 사는 것도 쉬운 일이 아니에요.

비교하지 않는 삶이 건강의 지름길

요시유키　저는 어릴 때부터 병을 달고 살았는데 특히 50대까지 계속 천식을 앓아서 보통 사람들처럼 젊음을 즐긴 기억이 거의 없어요. 제 나이 정도 된 사람들은 "이제 늙었나 봐. 젊을 땐 이런 것도 할 수 있었는데 이젠 무리야." 하고 과거와 비교하며 안타까워하는데, 생각해 보면 저에게는 그런 경험이 없어요. 뭔가 줄곧 항상 똑같은 거예요.

가네코　저도 종종 배우 분들과 만나 이야기할 기회가 있는데, 하나같이 이제 나이도 나이라 지친다느니 하는 말들을 하더라고요. 그러고 보면 요시유키 씨한테는 그런 말을 들은 적이 없네요.

요시유키　다들 "옛날에는 얼마나 빨리 달렸는데" 하고 말하지만 나는 원래 옛날부터 달리질 못했어요. (하하)

가네코　(하하하) 요시유키 씨가 달린다고 하니 좀 낯서네요. 달리지 않을 거라 생각되는데.

요시유키　제가 생각해도 나이 들어 참 즐겁게 인생길을 넘어가는 것 같아요. 비교할 대상이 없기 때문이겠죠. 안 좋은 일이 있어도 그걸 나쁘게 생각하지 않아요. 지금 보면 제게 일어났던 일은 전부 인생에 도움이 된 것 같아요. 오히려 즐겁고 눈부신 청춘 시절이 없었기 때문에 지금도 의연하게 살아갈 수 있지요.

가네코   발상의 전환이군요. 비교 때문에 의기소침해지는 사람이 많으니까요.

요시유키   천식이라는 병은 발작이 일어나지 않을 땐 보통 사람들처럼 건강하지만 한번 발작이 일어나면 뭐든지 다 포기해야만 해요. 이것도 하고 싶고 저것도 하고 싶다고 생각해도 발작이 일어나면 갑자기 1도, 2도 아닌 제로가 되어버리는 거예요. 그 덕에 누가 부럽다거나 나도 이런 걸 하고 싶다거나 그런 생각은 전혀 하지 않게 되었어요. '아 이건 나와 인연이 없구나' 하고 깨끗이 포기할 수 있습니다. 뭐든지 좋게 해석해 버리고요.

가네코   맞아요, 맞아. 요시유키 씨한테는 그런 밝은 면이 있어요. 저도 천성이 밝아서요, 역시 살아가는 데는 밝은 게 좋지요. 성격이 어두우면 궁하고 틀어박히잖아요. 그럼 안 돼요. 바이러스 균이 쌓여요. (하하)

요시유키   선생님 책에서 "초조해하거나 화내거나 분노하거나 하는 사람은 안타깝지만 오래 살지 못하는 거 아닐까." 라고 쓰신 걸 보고 저도 모르게 웃은 적이 있어요.

가네코   말 그대로지요.

요시유키   건강법 말인데요, 선생님은 어디에 가든지 소변
통을 가방에 넣고 다니신다고요?

가네코   네. 소변통이라는 도구는 장수의 비결입니다. 벌
써 15년 가까이 애용하고 있어요. 침대 옆에 서서도 소변을
볼 수 있어요. 특히 겨울철에 추울 때는 몸이 얼기도 하잖아
요. 나이가 들수록 한밤중에 화장실은 몸에 무리를 줘요. 그
래서 소변통이 좋은 겁니다. 하지만 제가 아무리 권해도 다들
좀처럼 실행하질 않네요. 여성들한테는 "요즘 여성용도 좋은
게 나와 있어요." 하고 가르쳐줘도 쓰는 사람이 거의 없어요.
(하하)

요시유키   선생님의 그런 의견에 찬동해 주신 분은 배우이
신 오자와 쇼이치 씨 정도인가요?

가네코   예, 쇼이치 씨는 이해하고 실천해 주고 있습니
다. 이렇게 건강에 좋은 걸 다들 왜 쓰지 않는 걸까요?

요시유키   만일 제가 사용하게 된다면 대단한 일이겠네요.
우리 일은 외지로 멀리 나가거나 하면 거의 화장실이 없어서
요. 이 나이가 되어서야 좀 화장실은 어디냐고 물을 수 있게
되었지만, 젊을 때는 '일하는 도중에는 절대로 화장실에 가지
않는다'고 정해 놓아서 그 덕에 신장결석에 걸린 적도 있어
요. 의사 선생님이 이렇게 큰 돌은 본 적이 없다고 했었죠.

가네코   이야, 그런 고생까지 하셨군요. 여배우들은 힘들겠어요.

요시유키   화장실에 가면 안 되니까 물도 안 먹는 겁니다. 그래서 체내 수분이 부족해지고 결석이 생기기 쉬워진 거죠. 만약 아무렇지 않게 소변통을 사용했다면 그런 걱정은 없었을지도 모르겠네요. 하지만 아직 좀 용기가 없어서…….

가네코   역시 그런가요? 쉽다고 생각하는데……. 요시유키 씨가 사용하면 여배우들이 다들 따라하겠죠. (하하)

요시유키   그럴까요? 꽃무늬 소변통 가방에 넣어서? 발상의 전환을 좀 해봐야겠네요. (후훗)

무슨 일이든 자연스럽게 즐기자

가네코   요시유키 씨는 건강을 위해 걷기 운동 같은 거 하십니까?

요시유키   예, 다른 배우들은 자주 스트레칭을 하거나 스포츠센터에 다니면서 노력하는데 저는 그 대신에 일단 걷기나 가짜 팔굽혀펴기 같은 걸 해요.

가네코   그건 뭐죠?

요시유키   일반적인 팔굽혀펴기는 힘드니까 낮은 탁자 위에 손을 짚고 하는 겁니다. 몸도 쭉쭉 펴지고 기분이 상쾌해져요.

가네코   그러고 보니 요시유키 씨, 예전에 무슨 대나무 밟기를 한다고 말했던 것 같은데 아직도 하나요?

요시유키   세 종류 정도 사서 시도해 봤는데요, 결국 다 저한테 맞지 않았어요. 역시 자기한테 맞는 방법이라야 계속할 수 있는 것 같아요. 선생님이 실천하고 계신 서서 하는 선禪 수행도 선생님이라서 계속하실 수 있는 듯해요. 저한테는 힘드네요. 지금까지 돌아가신 지인들의 이름을 외우면서 하신다고요?

가네코   네. 한 백 이삼십 명쯤 외우고 있나? 외우는 순서도 정해져 있어요. 계속 반복하다 보면 집중이 되고 머리가 맑아집니다. 또 끝난 다음에 기분이 좋아지고요. 물론 내 기억력을 확인해 본다는 의미도 있어서, 막힘없이 이름이 나오면 "좋아, 아직 녹슬지 않았어." 하고 안심이 되고 자신감도 생겨요. 경을 외워도 좋겠지만 나는 종교가 없으니까요.

요시유키   분명 선생님이 돌아가신 분들을 깊이 생각하고 계시니까 지속할 수 있는 거겠죠. 역시 저한테는 맞지 않네요. 이렇게 하면 좋다고 남에게 추천을 받아도 제가 스트레스 받는 일은 안 하게 돼요.

가네코   요시유키 씨의 그런 자연스러움이 정말 중요한 겁니다. 제 경험상으로도 무리하게 애쓰는 일은 하지 않는 게 좋아요. 결국 건강법이란 게 다 그렇지 않을까요?

요시유키 　무대나 영화 현장에서도 필요 이상으로 무리해서 자기를 좋게 보이려고 애쓰는 사람은 오래가지 못하는 것 같아요. 그런 마음이 너무 강하면 버티지 못한달까요. 일뿐 아니라 뭐든지 자연스럽게 즐겨야 하는 것 같아요.

가네코 　그런데 요시유키 씨는 50대까지 천식을 앓았다고 했는데, 그 후에는 큰 병을 앓지 않았습니까?

요시유키 　꽤 여러 가지 있었지요. 십 몇 년 전에는 헤르페스에 걸렸어요. 어머니가 91세 때부터 제 해외여행을 따라오게 되셔서…… 어찌나 스트레스가 되던지. 아흔 살 노인을 외국에 데리고 가면 과연 괜찮을지 걱정하다가 제가 그만 출발 전에 피부에 발진이 퍼졌어요. 그것도 엄청 심하게 말이죠.

가네코 　아이고, 저런.

요시유키 　그래도 어머니는 기어코 가겠다고 하셔서 같이 멕시코로 출발했어요. 저는 현지에서 이틀 정도 고열로 누워 있었는데 어머니는 어찌나 즐거워하시던지. 완전히 해외여행에 눈을 떠버리셨어요.

가네코 　하하하. 91세에 눈을 떴다니, 대단한 일이네요.

요시유키 　95세 넘어서부터는 아무래도 해외는 무리여서 국내를 둘이서 돌아다니게 되었지요. 걷지 못하게 되신 후부터는 여행 좋아하는 엄마를 두고 가기가 죄송해서 자제하고 있어요. 덕분에 요즘 좀 스트레스가 쌓이네요.

가네코   그래요? 그럼 이번에 여행 가고 싶어지면 저한테 알려주세요. 요시유키 씨랑 데이트 좀 하게요. (하하) 저라도 괜찮다면 즐겁게 동행하지요.

장수의 원천은 자유롭게 사는 것

가네코   요시유키 씨 경우는 질병을 극복해 낸 것 같군요. 여러 가지 병들을 특유의 밝은 성격으로 다 이겨냈어요.

요시유키   그런 것 같아요. 어머니도 "너는 만날 골골대며 병을 앓더니 지금은 건강하구나." 하세요.

가네코   병을 이겨낼 수 있다는 건 역시 타고난 소질 같군요.

요시유키   선생님은 줄곧 체력에 자신이 있으셨던 건가요?

가네코   그렇고말고요. (하하) 내장에는 자신이 있어요. 어머니가 장이 튼튼해서 104세까지 사셨고 아버지한테는 튼튼한 뼈를 물려받았지요. 지금 제 골밀도 나이는 50대 정도라니, 그 정도로 튼튼한가 봅니다.

요시유키   저도 호흡기는 안 좋지만 위장은 정말 건강해요.

다들 배탈이 나서 고생하는데 저만 괜찮았던 적이 자주 있어요. 같은 음식을 먹었는데도 왠지 저만 탈이 안 나더라고요. 그래서 위장에 대해서는 아주 자신이 있어요. 그러고 보니 선생님은 2, 3년 전쯤 얼굴에 이상이 생기셨었지요?

가네코　　아, 안면신경마비에 걸렸을 때 말이죠.

요시유키　　그때 마침 어느 식품 브랜드 하이쿠(5·7·5의 3구 17자로 이루어진 일본 고유의 짧은 시─옮긴이) 대상에서 심사위원으로 만나 뵀었죠. 그런데 그 자리에서 "아니, 부아가 치밀어서요." 하고 말씀하신 게 기억나네요. 보통은 '곤란하네요'라든가 '큰일이에요'라는 말이 나와야 하는데 화가 나서라니……. 병을 물리치고 말겠다는 의지가 느껴져서 '아, 이 병은 틀림없이 나으시겠구나' 생각했어요.

가네코　　분명 3월 말 무렵이었어요. 갑자기 얼굴 오른쪽이 돌아가지 뭡니까. 방송 녹화가 있어서 갔는데 내 얼굴을 본 스텝이 놀라서 대타를 내보내야 하지 않나 걱정하더군요. 나는 "아니 그냥 갑시다." 하고 그대로 출연해 버렸죠.

요시유키　　반응은 어땠나요?

가네코　　시청자들 의견이 여러 건 들어왔는데 호의적인 게 많았나 봅니다. 나는 거기서 내가 움츠리면 마비가 나를 이기고 상태가 더 나빠질 거라고 생각했어요. 요시유키 씨를 만났을 때도 반드시 나아 보이겠다는 각오를 다졌을 때였죠.

그게 잘 통했는지 여름에는 싹 나았어요. 침 치료도 효과가 있었고요. 이런 말 하면 비과학적이라고 하실지 몰라도 역시 기합으로 치료해 낼 정도의 마음가짐이 없으면 안 된다고 생각합니다.

요시유키　그렇군요. 그때 저는 선생님이 정말 대단하시다고 생각했어요.

가네코　아이고, 감사합니다.

요시유키　저는 가네코 선생님처럼 연세도 있으신 건강한 분이 거침없이 내뱉으시는 이야기를 듣는 게 참 좋습니다. 그런 이야기를 듣는 것이 분명 제 건강법 중 하나인 것 같아요.

가네코　그런 방법도 있겠군요.

요시유키　실례되는 말씀일지 모르지만 선생님은 마음이 자유로워서 참 재미있으시겠어요. 하이쿠를 지을 수 있는 사람들 중에 자유로운 성향이 많은 걸까요?

가네코　꼭 그렇지도 않아요. 생각이 자유로운 사람은 의외로 적습니다. 뭐랄까 하이쿠에 대해 '이래야 한다'는 틀을 가진 사람이 많아요. 그에 비해 요시유키 씨는 배우가 본업이니 어떤 의미에서 하이쿠를 취미로 하는 셈이죠. 그런 사람이 외려 더 재미있는 시를 짓더라고요. 오자와 쇼이치 씨도 그래요. 지금은 그런 사람들이 늘고 있어서 하이쿠 세계도 변하고 있고요. 매우 좋은 현상입니다.

요시유키 　최근에는 건강한 생활의 취미로 하이쿠를 하시는 분도 많다는데요.

가네코 　그런 사람들 중에 의외로 '하이쿠는 이래야 한다'고 생각하는 사람이 많아요. 그런 자세는 오히려 수명을 단축시키는 게 아닐까 싶어요. 좀 더 태연하게 자신의 바보 같은 면을 드러내면 좋을 텐데…….

요시유키 　하이쿠에 발을 들이면서 단 열일곱 글자로 이렇게 멋진 세계가 만들어진다는 사실에 놀라고 있어요. '진짜 하이쿠'에 대한 경외심도 느껴지고요. 제가 똑같이 흉내 내려고 해도 도저히 무리라서 '죄송하지만 저는 그냥 즐기겠습니다' 하는 자세로 하고 있습니다.

가네코 　본인 앞에 두고 실례지만, 요시유키 씨는 꽤 좋은 시구를 짓더라고요. 문장도 좋은 문장을 잘 쓰고요. 역시 자유롭다는 것이 큰 재능 같아요. 얽매이는 것 없이, 남이 읽든 말든 상관없다는 듯한 그런 묘한 대담함이 있어요. 무대 생활에서 단련된 걸까요. 이렇게 온화한 얼굴을 하고 있지만 의외로 배짱도 있고요. 이대로 있다간 제가 따라잡힐 것 같은 생각까지 들어요. 하여간 그런 자유로움이 좋은 거지요.

요시유키 　그런가요? 감사합니다. 역시 나이를 먹었기 때문이 아닐까 싶네요.

가네코 　나이와 함께 소질이 드러나고 있는 거겠지요.

요시유키　　그래도 젊을 때는 주변을 의식하거나 조금은 잘 보이고 싶은 마음이 있었어요. 지금은 전혀 없지만요. (호호) 그런 의미에서는 나이 먹어서 다행이라는 생각이 들어요.

가네코　　연극계는 경쟁이 심하지요. 그런 곳에서 당당하게 개구리처럼 헤엄치며(라고 하면 실례지만) 살아남아 온 셈이니까요.

요시유키　　어떻게든 이대로 즐기면서 하루하루 보낼 수 있으면 좋겠어요.

가네코　　정말 그렇죠. 오늘 여러 가지 대화 나누면서 요시유키 씨가 생각보다 훨씬 자유로운 사람이라는 걸 알게 되었어요. 큰 수확이었네요. 역시 그게 장수의 원천이겠지요. 요시유키 씨는 아마 백 두세 살까지 살 겁니다. (하하)

4

투자보다 현금이다

저성장 시대의 자산 보존법

국민연금 전망도 불안한 저성장 시대,
결국은 현금 가진 사람이 웃는다.
섣불리 돈 불리겠다고 투자하지 말자.

오기와라 히로코(荻原博子)

경제 저널리스트. 어렵고 복잡한 경제 구조를 알기 쉽게 해
설하는 것으로 유명하다. 국내 번역서로 『아이를 부자로 키
우는 15가지 방법』이 있다

저성장 시대인 오늘날, 우리는 돈을 어떻게 사용하고 저축해야 할까? 먼저 앞으로 남은 생애 동안 얼마만큼의 돈이 필요할지 계산해 보자. 총무성의 가계 조사에 따르면 65세 이상의 남편과 60세 이상의 아내, 이렇게 무직인 2인 가정에서 한 달에 필요한 비용은 27만 엔(2009년 조사에 따름)이다. 여기서 공적 연금을 제한 금액을 A라 할 때 'A×12개월×연수(85세든 90세든 자신의 예상 수명-현재의 나이)'를 계산해 보면 그 결과가 앞으로 자신에게 필요한 최저 금액이다.

만일 계산 결과가 3,000만 엔인데 수중에 퇴직금, 기업연금, 저금을 더해 4,000만 엔이 있다면 남은 1,000만 엔은 마음대로 써도 될 것이다. 하지만 수중에 필요한 금액보다 적은 2,800만 엔밖에 없는 사람이 그 돈을 불리겠다고 투자에 손을 댈 경우, 유감스럽게도 돈은 불어나기보다 줄어들 위험이 더 크다. 예를 들어, 지금도 안전하기로 유명한 유초은행(일본 정부가 설립한 은행—옮긴이)이 취급하는 투자신탁 중에도 샀을 때보다 값이 떨어지는 상품이 상당히 많다. 기준가액 1만 엔에 판매를 시작했던 투자신탁 21가지 상품 중 현재 1만 엔을 넘는 상품은 단 3종류뿐이다.

유초은행 외에도 원금 감소가 두드러지는 상품이 있는데, 바로 판매 초기에 큰 인기로 호조를 보였던 매월 결산형 상품 '글로벌 소버린 오픈'이다. 1,000만 엔을 맡겨두면 매달 3~4만 엔의 분배금을 받는다는 매력이 있었지만 당초의 기준가액 1만 엔이 지금은 5,299엔이 되었다(숫자는 전부 2011년 2월 3일 현재). 이럴 바에는 1,000만 엔을 저축해 두고 매달 계좌에서 4만 엔씩 인출하는 편이 낫지 않았을까?

'은행에 저축해도 0.02퍼센트밖에 이자가 붙지 않으니 메리트가 없다'는 말을 자주 듣는다. 하지만 지금은 디플레이션 시대다. 작년에 1만 엔이었던 상품이 올해는 9,500엔에 팔리기도 한다. 가격이 내려간다는 것은 같은 1만 엔이라도 화폐 가치는 올라간다는 의미다. 즉 작년과 비교하면 실질 5퍼센트의 금리가 붙어 있는 셈이다. 어설프게 투자하기보다 상대적으로 가치가 오르고 있는 현금을 보유하는 편이 현명한 까닭이다.

금융기관 창구 상담이
위험한 이유

무엇보다도 해선 안 될 일이 퇴직금을 들고 "투자하고 싶은데 어떻게 하면 될까요?" 하고 은행이나 우체국, 증권회사 창구에 찾아가는 일이다. 그야말로 고양이에게 생선 맡기는 꼴이다. 투자를 시작할 때, 보험에 가입할 때, 여러분이 상담하는 상대는 창구의 영업사원이다. 그들은 자기에게 가장 높은 수수료가 떨어지는 상품을 팔려고 애쓴다는 사실을 알아야 한다.

수지타산을 엄격히 따져야 하는 약삭빠른 영업사원에 비해 보통 직장인은 매달 꼬박꼬박 월급이 들어오는 '노 리스크' 생활을 40여 년 해왔다. 업무상 리스크를 감수해야 할 상황도 있었겠지만 어쨌든 회사 돈으로 하는 일이었다. 그러던 사람이 정년퇴직 후 퇴직금을 운용한다고 해서 갑자기 수완을 발휘하게 될까?

특히 지금 시대에 투자를 권하지 않는 이유는 세계 경제가 매우 불안정하기 때문이다. 이런 시기에 하는 투자는 이미 투자가 아닌 투기, 즉 도박이다. 물론 이런 때이기에 더욱 돈을 벌 수 있는 기회가 오기도 한다. 하지만 그건 다 날려도 좋으니 도박을 해보자는 각오가 섰을 때의 이야기다. 도박이 아닌 투자는 경제가 안정되어 지속적으로 성장하고 있을 때에만 할 수 있다.

경제가 세계화되면서, 고이즈미 내각 시기에 '자산 운용'을 하지 않으면 패배자가 되고 만다는 사고방식이 널리 퍼졌다. 그때 국책으로 401K라는 기업연금이 도입되어 회사에 따라서는 투자에 연이 없던 월급쟁이들까지 본인들의 기업연금 운용에 떠밀리기도 했다(401K는 미국의 퇴직연금 제도로, 매달 일정량의 퇴직금을 회사가 적립하며 그 운용을 사원 개인이 관리하는 방식의 연금임-옮긴이). 기업연금을 사원에게 운용시킴으로써 기업은 불량 채권을 떠안지 않아도 되고 증권회사나 금융기관에는 꼬박꼬박 수수료가 들어오게 된다. 국가적으로도 많은 사람들이 주식이나 투자신탁을 구매하면 계속 떨어지던 주가가 떨어지지 않고 폭락을 막을 수 있다. 즉 기업과 금융기관과 국가, 이 삼자의 이익이 맞아떨어져서 도입된 것이 401K인 것이다. 그러나 당사자인 월급쟁이들은 상당수가 손해를 보게 되었다.

시장에서는 프로와 아마추어가 같은 판에서 승부를 벌이는데 기초 지식이나 정보, 자본도 테크닉도 없는 아마추어에게는 애초에 승산이 적다. 프로들의 봉이 되기 쉽다는 말이다. 예를 들어 작년부터 거품 조짐이 보이는 브라질 국채 같은 경우는 단기에 벌어서 빨리 팔아버리고 빠져나오면 돈을 벌 수 있을지 모른다. 하지만 그런 상황을 객관적으로 분석할 수 있는 눈이 없으면 돈이 벌리는 것 같다고 안심하다가 어느새 조류가 바뀐 걸 모르고 혼자 남아 큰 손실을 입는다. 이런 위험이 항상 도사리는 세계다.

투자신탁 판매처에서는 "장기적으로 투자하면 리스크는 그리 크지 않다."라는 말을 자주 한다. 하지만 실제로 그 투자신탁의 운용을 맡게 되는 프로들 중에 장기적인 시점으로 생각하는 사람은 거의 없다. 프로는 3개월에서 반년마다 자기 성적을 내지 않으면 안 되기 때문이다. 애초에 선례나 경험치가 통하지 않는, 한치 앞이 불투명한 시장에서 10년 뒤 따위를 생각하며 투자할 리가 없다.

그래도 꼭 투자를 해보고 싶다면 책이나 신문을 읽고 자기 나름의 투자 이론을 세워 스스로 선택한 종목을 시뮬레이션 해보기를 권한다. 아니면 요새는 10만 엔 이하로 살 수 있는 주식도 있으니 뭔가 한 종목을 사서 정세와 시세가 어떻게 움직이는지 관찰해 보는 것도 좋다. 이렇게 한다면 성공하든 실패하든 납득이 될 것이다. 우선 자기가 이해할 수 있는 범위 내에서만 도전해 보고, 해본 뒤 어렵다고 느껴지면 그만두는 편이 낫다.

부동산 투자의 위험성

'건물주가 되어 고이율로 안정적인 수입을!' 같은 광고를 자주 보게 되지만, 세금 감면 대책이 필요한 정도의 자산가가 아닌 이상 일반적인 월급쟁이에게 부동산 투자는 적합하지 않다. 일단 대부분 돈이 벌리지 않는다.

지금 기업이나 농가가 토지를 내놓은 탓에 도심부에서는 땅이 남아돌고 아파트나 임대 건물이 공급 과잉 상태다. 임대용으로 아파트 일부를 사놓았지만, 그게 공실이 되지 않는다는 보장이 없다. 오히려 앞으로 공실은 점점 늘어나 임차인을 찾지 못할 가능성이 더 높다. 신축 건물을 구입했어도 언젠가는 중고가 되는 셈이니 현행 임대료는 유지할 수 없다. 건물이 노후되면 자산 가치도 떨어진다. 한편, 각종 경비는 매달 똑같이 들어간다. 대출을 끼고 구입했다면 매달 내야 하는 상환금도 부담이 되지 않을 수 없다.

정년퇴직한 사람이 매달 월세라는 '고정적인 수입'에 매력을 느껴 건물주가 되고 싶어 하는 심리는 이해한다. 하지만 부동산 투자에는 공실이 계속될 경우 연금 이외의 수입은 없으면서 대출 상환금만 꼬박꼬박 빠져나갈 위험이 있다. 예를 들어 월수입 40만 엔인 직장인이 월 10만 엔의 주택 대출을 끼고 있으면 부채상환율은 25퍼센트다. 그런데 디플레이션 시기에는 급여가 줄어들 수 있다. 급여가 30만 엔으로 줄어도 주택 대출 금액은 줄지 않기 때문에 부채상환율이 33퍼센트로 뛴다. 실질적으로 늘어난 대출금은 가계를 압박하게 된다. 반대로 현금 가치는 올라가기 때문에 디플레이션 시대의 철칙은 '빚을 줄이고 현금을 늘려라'다.

디플레이션 상황에서는 돈의 가치가 가지고 있는 만큼 올라간다. 세계적으로 경제가 불안정할 때는 투자만 하지 않으면 최소한 지금 가진 돈을 까먹는 일은 없다. 닛케이 평균 주가(일본경제신문사가 작성·발표하고 있는 가격 가중 평균 주가지수-옮긴이)가 3만 8,000엔이었던 1987년 무렵에 3만 8,000엔을 저금한 사람은 지금쯤 이자가 붙어 약 4만 엔이 되었을 것이다. 한편 3만 8,000엔으로 주식(닛케이 평균)을 샀다면 지금 약 1만 엔으로 폭락해 있을 것이다.

거액의 일본 부채가 집중 조명 받고 있는 가운데, 최근에는 이러다 국가가 파산하는 게 아니냐는 소리도 종종 들린다. 국가가 파산하면 현금이 종잇조각 되는 게 아닐까 하는 불안이다. 하지만 정말 그럴까? 1997년 아시아 통화위기로 한국 경제가 파산했다. 이때 한국의 원화는 폭락하고 가치가 4분의 1이 되어 금리가 상승했다. 상장기업 절반이 도산하는 바람에 주식의 절반은 종잇조각이 되고 나머지 절반도 하락했다. 금리가 상승한 탓에 대출한 사람은 타격을 입었고 그중에서도 돈을 빌려 주식이나 토지를 샀던 사람들이 큰 타격을 입었다. 주택 대출을 갚지 못하게 된 사람들이 집을 내놓으면서 주택 가격은 시가의 70퍼센트까지 하락했다.

결국 가장 득을 본 것은 은행에 돈을 저금해 둔 사람이다. 한국 정부는 예금을 100퍼센트 보호하고 있었기 때문에 정기 예금 금리는 갑자기 31퍼센트로 올랐고 보호도 받았다. 저금을 해도 돈이 늘었고 그 돈으로 폭락한 땅이나 주식을 사도 이득이었다. '돈이 종잇조각 되어 땅이나 주식을 가지고 있던 사람만 살았다'와는 정반대의 결과가 나타난 것이다. '현금이 종잇조각' 된다는 생각은 물자가 부족해 극심한 인플레이션이 일어났던 일본 전후의 상황에서 생겨난 건지도 모른다. 이렇게 물자와 돈이 넘치는 현대의 일본 경제에서는 만일 파산한다고 해도 그처럼 극단적인 인플레이션은 일어나지 않을 것이다.

"그럼 저금만 하고 돈을 쓰지 않으면 소비가 줄어 경기가 회복되지 않는 게 아닙니까?"라는 반론도 자주 듣는다. 하지만 지금은 사회 구조가 바뀌었기 때문에 개인이 소량의 돈을 써도 그것이 개인에게 환원되지 않는 구조이다. 기업이 주주의 이익을 우선시해 종업원에게 주는 급여는 비용으로 간주하고 전혀 올리지 않기 때문이다. 모두가 소비를 해서 돈을 쓰면 분명히 경기는 좋아질지 모른다. 그러나 경기 상승이 임금 상승으로 연결되지 않는 것이 현실이다. 이 구조가 바뀌지 않는 이상 소비하는 것보다 저축하는 편이 자기 가계를 지키는 길이다.

보험 들 돈 있으면 저축을!

누구나 만일의 경우를 대비해 보험 가입을 생각한다. 보험에는 세 가지 보장 기능이 있다. 병에 걸렸을 때의 의료보험, 사망했을 때의 사망보험, 저축 목적의 저축성 보장보험. 모든 보험은 이 세 가지 보험의 조합으로 이루어져 있다. 여기에 보험회사 경비를 덧붙이면 보험료 금액이 된다. 세 번째인 저축성 보장보험에 대해서는 현재 운용이율(예정이율)이 낮아 보험으로 저축을 한다는 메리트가 없기 때문에 고려할 필요가 없다. 따라서 앞으로 보험을 들고자 한다면 사망했을 때와 병들었을 때 보장해 주는 순수보장형으로 가입하면 된다.

의료 보장에 대해서는 공적인 건강보험으로 부족한 정도만 보충한다. 건강보험에 가입되어 있으면 고액 의료비 제도를 통해 반년 입원해도 40만 엔 정도만 지불하면 된다. 또 현역 직장인이라면 상병수당˚이 1년 반 동안, 급료의 60퍼센트 정도 나온다. 그래도 불안하다면 입원 시 하루 1만 엔 정도 지급되는 보장성 의료보험에 가입하면 좋다. 종신보험도 상해든 질병이든 모든 입원을 보장하는 상품을 평생 납입 형식으로 가입하면 보험료가 저렴해진다. 최근에는 암이나 생활 습관병 등 특정 질병에 걸렸을 때 보장이 커지는 상품도 나와 있지만 나중에 질병이나 상해 중 어떤 일로 입원하게 될지 알 수 없고 반드시 특정 질병에 걸린다고 장담할 수 없으니 모든 상황에서 보장받을 수 있는 상품으로 선택해야 한다.

사망보장에 대해서는 먼저 자신이 죽으면 누가 경제적으로 어려워지며, 그로 인해 보장이 얼마나 필요한지 생각해 볼 필요가 있다. 예를 들어 직장에 다니던 남편이 사망하여 전업주부인 아내와 어린아이 두 명이 남겨진 경우, 아이들이 18세가 될 때까지 유족후생연금˙이 매달 15만 엔 정도 나온다. 주택 대출이 남아 있다고 하더라도 대부분의 사람은 대출 시 단체 신용생명보험˙에 가입해 두기 때문에 이 보험과 남은 대출이 상쇄되어 주택 대출은 없어지는 경우가 많다. 주택 대출이 없어지고 매달 15만 엔 정도 유족후생연금을 받을 수 있다면 남겨진 가족도 어떻게든 생활할 수 있을 것이다. 단, 이때 부족

● 상병수당(傷病手當): 업무상 질병 이외에 일반적인 질병이나 부상으로 치료를 받는 동안 상실되는 소득이나 임금을 현금으로 보전해 주는 급여. 일본, 독일, 프랑스, 영국 등 대부분의 OECD 국가에는 의료보험이나 공적보장 형태로 상병수당이 제공되지만 국내에는 아직 도입되지 않았다.

한 것이 보통 교육자금이다. 교육자금은 자녀 한 명당 1,000만 엔 정도 든다고 알려져 있으니 두 명이면 2,000만 엔이다. 이 금액은 생명보험의 사망보장으로 충당하면 될 것이다.

자녀가 사회인이 되었다면 이 교육비 부분의 보장은 필요 없을 것이다. 다만 자신이 죽은 뒤 반려자가 걱정된다면 그 부분만큼 사망보장을 넣는다. 60세에 퇴직하고 나면 수입도 없어지고 자녀는 제 앞가림할 나이가 되었으니 큰 보장은 필요 없다. 필요한 보장 위주로 범위를 좁혀 직접 조사한 뒤에 생명보험회사 직원에게 "이런 보험에 들고 싶은데 견적 좀 내주세요." 하고 요청한다. 그중에서 가장 저렴한 견적으로 가입하면 된다.

보험이란 당첨 확률이 낮은 복권과 같다. 사망보험을 예로 들어보자. 생명보험은 남성의 경우 10만 명이 동시에 태어나 순차적으로 사망해서 107세에 전원이 사망한다는 것을 전제로 매년 사망 확률을 낸 뒤, 이 데이터를 근거로 보험료가 산

● 유족후생연금 : 일본에는 우리나라와 마찬가지로 국민들이 의무적으로 가입해야 하는 국민연금 제도가 있다. 이에 더해 민간기업에 근무하는 직장인은 의무적으로 후생연금에 가입하도록 되어 있다. 유족후생연금은 후생연금 가입자가 사망한 경우 그 유족에게 지급되는 연금이다.
● 단체신용생명보험 : 대출을 받은 계약자가 사망하거나 고도 장애 등으로 대출금 상환 능력을 잃었을 때 보험사가 대출금을 대신 갚아주는 보험. 일본에서는 민간은행의 주택론(주택 대출금)으로 집을 구매할 때 반드시 가입해야 한다.

출된다. 예를 들어 40세 남성의 경우 살아 있는 9만 7,391명 중 연간 사망하는 숫자는 144명. 즉 9만 7,391명이 지불한 사망 보장의 보험료는 불행히 죽은 144명에게 돌아가고 그 해에는 끝이다. 태어난 10만 명의 남성이 절반인 5만 명이 되는 시기는 82세다. 죽지 않는 한 지불한 보험료의 원금은 찾을 수 없다. 최근에는 인터넷으로 가입하는 저렴한 보험도 출시되고 있다. 보험료를 낮추고 싶으면 이런 상품을 이용하고 절약한 만큼 저축으로 돌리면 만일의 경우를 대비할 수 있다.

노후를 걱정하기 시작하면 끝이 없다. 불안해서 이런저런 의료보험이니 간병보험에 들어놓았는데 건강하게 장수하면 실제 쓸 수 있는 저금이 줄어들어 경제적 여유가 없어진다. 주객이 전도되는 것이다. 인생에서 예측 가능한 위험에 대해 어떻게 자원을 배분할지 그 판단은 스스로 할 수밖에 없다. 예를 들어 자기 가족은 건강하게 장수하는 편이라고 생각한다면 보험에 쓸 자원을 줄이고 현금 자원을 늘리는 편이 낫다.

일을 계속할 수 있다면
연금 수급을 늦추는 방법도 있다

정년퇴직이 다가왔다면 바로 연금생활로 들어가기보다 좀
더 일을 계속할 방법을 찾아보는 것이 어떨까? 요즘의 60대
는 아직 팔팔한 경우가 많다. 퇴직하기 전에 고용보험 피가입
자에게 제공되는 재직자 무료교육 과정을 이용해서 퇴직 후
에도 뭔가 직업을 가질 수 있게 준비하는 방법도 있다. 아니
면 무슨 일이든 가리지 않고 일하도록 하자. 연금은 65세부터
지급되므로 일단 그때까지는 일할 수 있도록 계획을 세워둬
야 한다. *

기초연금은 통상 65세부터 지급되는데, 65세부터 70세 사
이에는 1개월 단위로 수급 개시가 가능하다. 60세부터 미리
받는 경우에는 수급액이 기본 금액에서 30퍼센트 감액되며,
70세부터 받기 시작하면 42퍼센트 증액된다. 예를 들어 65세
부터 월 5만 엔의 연금을 받는 사람의 경우, 이 연금을 60세

● 한국의 국민연금 제도 : 우리나라 국민연금 제도에 따르면 1952년생까지는
만 60세부터 노령연금을 받을 수 있고 53~56년생은 61세, 57~60년생은
62세, 61~64년생은 63세, 65~68년생은 64세, 69년생 이후 출생자는 65
세부터 노령연금 수급이 가능하다. 연금 지급 연기는 노령연금 수급 개
시 연령으로부터 최대 5년 동안 할 수 있다. 좀 더 자세한 내용은 국민연
금공단(www.nps.or.kr)에서 확인하는 것이 좋다.

부터 받는 것으로 계산하면 연금액은 월 3만 5,000엔이 된다. 70세부터로 계산하면 월 7만 1,000엔이 되고, 이 금액은 평생 계속된다. 따라서 자신이 오래 살지 못할 것 같은 사람은 60세부터 연금을 받기 시작하는 편이 낫고, 오래 살 거라고 예상하는 사람은 되도록 65세보다 늦게 연금을 받기 시작하는 편이 낫다.

사람의 수명은 예측하기 어렵지만, 건강하게 일할 수 있는 동안에는 수급을 뒤로 미루고 일을 하는 편이 경제적으로 풍요로워질 뿐 아니라 정신적으로도 보람을 느낄 수 있지 않을까? 이미 퇴직한 사람도 투자나 운용으로 머리 싸매며 수명을 단축시키기보다는 꽃을 좋아하면 꽃을 즐기고 등산을 좋아하면 산에 오르며 노후를 여유롭게 보내는 편이 더 나으리라 생각한다.

5

암은 대부분
유전되지 않는다
예상을 뒤집는 암 예방책

"가족 중에 암에 걸리신 분이 있습니까?"
건강검진 시 이런 질문을 받을 때마다
'우리 집안에는 암 환자가 많은데' 하며
불안감이 커진다.

쓰보노 요시타카(坪野吉孝)

의학박사. 와세다대학교 대학원 객원교수.

암은 일본인 사망 원인 1위를 차지하는 질병이다. 그러다 보니 여러 가지 정보나 이른바 '상식'이 범람하고 있다. 예를 들면 암은 유전자 질병이라고 말한다. 그 때문에 부모에서 자식으로 유전될 확률이 높다고 생각하기 쉽지만 이건 오해다. 유전되는 암은 가족성 유방암이나 가계 유전성을 가진 특수한 암같이 전체 암 중에서 극히 일부에 지나지 않는다.

암이 유전자 질병이라 불리는 이유는 다음과 같다. 세포가 분열할 때 낡은 세포에서 새로운 세포로 유전자가 복제된다. 이때 발암 물질 등의 영향으로 복제에 오류가 생긴다. 세포 분열을 거듭하는 가운데 이 오류가 쌓여가고 일정 단계를 넘어서면 정상적인 세포가 암세포로 변하는 것이다. 이러한 과정은 한 사람의 체내에서만 발생하는 현상이며, 암에 걸리기 쉬운 체질이 부모에게서 자식으로 이어진다는 유전과는 별개의 이야기이다.

그렇다고는 해도 '할아버지도 아버지도 암이셨고 나도 위암에 걸렸다. 역시 암은 유전되는 게 아닐까?' 생각하는 사람이 있을지 모른다. 이런 경우는 체질이 유전된다기보다 생활습관이 대대로 이어져 온 결과라 보는 편이 맞다. 예를 들어 아키타 현은 위암 환자가 많은 지역인데, 지역적으로 위암의 위험 인자인 염분을 많이 섭취한다. 할아버지가 짠 된장국을 먹으면 아버지도 나도 같은 국 맛에 익숙해진다. 그 결과로 부자 삼대가 똑같이 위암에 걸리는 경우가 발생할 수 있다.

이런 생활습관의 영향으로, 부모가 어떤 암에 걸렸을 때 자녀가 같은 암에 걸릴 확률이 그렇지 않은 경우에 비해 2배 정도로 높아진다는 데이터도 많다. 부모님과 같은 암에 걸릴까봐 과도하게 걱정할 필요는 없지만 정기적으로 건강검진을 받는 등 대비하는 자세가 현명할 것이다.

신경질적인 사람일수록 암에 잘 걸린다?

'내가 암에 걸린 건 성격 탓이 아닐까?' 이런 고민에 빠지는 사람도 있다. 하지만 최근 연구는 암과 성격이 관계가 없음을 보여주고 있다. 우리가 2003년에 발표한 연구 중 미야기 현의 지역 주민 약 3만 명의 성격 및 생활습관을 질문표로 조사한 것이 있다. 7년간 추적조사한 결과 약 1,000가지 암 증상이 나타난 것으로 확인되었다. 조사한 성격 타입은 '외향성/내향성', '신경증적 경향(걱정이 많음, 정서불안 등)', '비협조성(공격성, 자기중심성 등)', '사회적 바람직함(성실성, 허영심 등)'의 네 종류였다. 분석 결과 각각의 성격 경향이 강하거나 약한 정도에 따라 암에 걸리는 비율이 변화하는 일은 없었다.

좀 더 최신 데이터로는 핀란드와 스웨덴에서 남녀 약 6만 명의 성격 및 생활습관을 질문표로 조사한, 과거 최대 규모의 연구 데이터가 있다(2010년). 최장 30년간 추적조사를 시행하여 약 4,600가지 암 증상 발현을 확인했다. 조사한 성격 종류는 '외향성/내향성'과 '신경증적 경향' 등 두 가지였다. 분석 결과 역시 각 성향의 강약에 따라 암에 걸리는 비율이 증가하거나 감소하는 일은 없었다. 성격과 암의 관계는 약 반세기에 걸쳐 연구가 계속되고 있지만 최신 결과에 따르면 '성격 탓에 암에 걸리는 게 아닐까'라는 걱정 따위는 할 필요가 없을 듯하다.

"무슨무슨 건강식품을 오랫동안 먹고 있는데 암 예방에 효과가 있을까요?" 이런 질문을 많이 받는다. 사람들은 흔히 어떤 식품이나 영양소, 보조식품, 건강식품을 섭취하면 암을 예방할 수 있다고 생각한다. 그런데 최근 연구를 보면 '무엇을 먹느냐'와 마찬가지로 '얼마나 먹느냐'가 중요하다. 구체적으로 말하면 열량 과잉으로 인한 비만이 암 위험을 높이고, 열량을 소비하는 운동이 암 예방으로 이어진다는 사실이 점차 분명해지고 있다. 비만과 운동이라고 하면 당뇨병이나 심장병과의 인과 관계가 잘 알려져 있지만 암과의 관계에 대해서는 별로 알려져 있지 않은 듯하다.

여기서 음식물과 암 예방에 관해 오늘날 세계 표준의 '상식'으로 여겨지는 일람표를 소개한다(98~99쪽). 2007년 세계암연구기금과 미국암연구소가 공식 발표한 정보서『식품, 영양, 운동과 암 예방: 세계적 관점에서』의 결론을 발췌한 것이다. 영양소 등의 개별 요인과 개별 암 부위와의 관련성에 대해 '확실함' '거의 확실함' '한정적-시사적' '한정적-판정불가' '관련성 낮음' 등 5단계로 판정을 내려 이 중 '확실함' '거의 확실함'으로 판정된 요인만 표로 나타냈다. 덧붙여 이 정보서는 세계적으로 저명한 22인의 연구자로 구성된 위원회가 5년에 걸쳐 약 7,000건의 논문을 참고·정리하여 종합평가한 것이다. 7,000건의 논문에 담긴 성과를 하나의 표로 정리한 결론이므로 일반적인 건강 정보와는 신뢰성의 깊이가 전혀 다르다.

야채나 과일은
암 예방 효과가 별로 없다

세계암연구기금과 미국암연구소는 1997년에도 같은 취지의 보고서를 공표했었다. 따라서 2007년의 보고서는 제2판에 해당하는 셈이다. 이 두 가지 정보서의 판정 결과를 비교해 보면 이 10년 사이의 연구 동향이 반영되어 있어 흥미롭다.

먼저 주목할 사항은 비만의 역할이 커진 점이다. 제1판에서는 비만에 따른 위험 상승이 '확실'로 판정된 암이 자궁암뿐이었으나 제2판에서는 여기에 식도, 췌장, 대장, 유방(폐경후), 신장 등의 암이 추가되었다. 한편 암 발병 위험을 낮춘다는 의미에서 운동의 역할도 증대되었다. 제1판에서는 운동에 의해 위험도가 '확실히' 저하되는 암이 결장암뿐이었지만 제2판에서는 폐경 후 유방암과 자궁내막암이 '거의 확실' 등급으로 추가되었다.

한편 야채의 역할이 저하된 점이 눈에 띈다. 제1판에서 야채 섭취로 인한 발병 위험 저하가 '확실' '거의 확실'이었던 암은 구강, 후두, 식도, 폐, 위, 췌장, 대장, 유방, 방광 등의 다수 암이었다. 그러나 제2판에서는 '확실' 판정이 없어졌고 '거의 확실히' 저하되는 암으로 구강·인두·후두, 식도, 위 등만 열거되고 있다.

식품·영양·운동과 암 예방 판정

	구강 인두 후두	식도	폐	위	췌장	담낭 (쓸개)	간
식물섬유가 함유된 음식							
야채[1]	☺	☺		☺			
파·양파·마늘 등				☺			
마늘							
과일[2]	☺	☺	☺	☺			
엽산 함유 음식 (적황색 야채·과일·간 등)					☺		
리코펜 함유 음식(토마토 등)							
육류							
가공육(햄· 베이컨·소시지 등)							
칼슘 풍부한 식사[3]							
고칼로리 식품[4]							
저칼로리 식품							
염분·염장 식품				☹			
가당 음료							
알코올음료[5]	☹	☹					☹
베타카로틴[6]			☹				
운동							
운동 부족 생활[7]							
비만		☹			☹	☹	
복부 비만					☹		
성인기 체중 증가							
큰 키					☹		
출생 시 고체중							
수유(모친)							

1 다음 사항을 포함한다. 구강·인두·후두암에 대해 카로틴류를 함유한 음식.
식도암에 대해 베타카로틴을 함유한 음식. 식도암에 대해 비타민C를 함유한 음식.
2 다음 사항을 포함한다. 구강·인두·후두암에 대해 카로틴류를 함유한 음식.
식도암에 대해 베타카로틴을 함유한 음식. 식도암에 대해 비타민C를 함유한 음식.
3 대장암에 대해 우유와 보조식품을 이용한 연구로부터의 지견.
4 패스트푸드를 포함함.

범례:

- ☺ 암 위험도 저하 '확실'
- ☺ 암 위험도 저하 '거의 확실'
- ☹ 암 위험도 상승 '확실'
- ☹ 암 위험도 상승 '거의 확실'

대장[8]	유방 (폐경 전)	유방 (폐경 후)	난소	자궁체부	전립선	피부	체중증가 과체중 비만
☺							
☺							
					☺		
☹							
☹							
☺					☹		
							☹
							☺
							☹
☹(☺)	☹	☹					
☺			☺	☺			☺
							☹
☹	☺	☹		☹		☹	
☹		☹		☹			
		☹					
☹	☹	☹	☹				
	☹						
	☺	☺					

5 대장암에 있어 남성은 '확실', 여성은 '거의 확실'

6 폐암에 있어 보조식품을 이용한 연구로부터의 지견.

7 TV시청에 관한 지견을 포함함.

8 운동에 대한 판정은 결장에만 적용하고 직장에는 적용하지 않음.

출전: World Cancer Research Fund / American Institute for Cancer Research. Food, Nutrition, Physical Activity, and the Prevention of Cancer: a Global Perspective. Washington DC: AICR, 2007: 370 (발췌)

과일의 역할도 낮아졌다. 제1판에서 과일 섭취로 인한 위험도 저하가 '확실' '거의 확실'로 판정되었던 암은 구강, 후두, 식도, 폐, 위, 췌장, 유방, 방광 등의 암이었다. 하지만 제2판에서는 야채와 마찬가지로 '확실' 판정은 없어지고 구강·인두·후두, 식도, 폐, 위 등의 암에 있어 '거의 확실' 등급으로 내려갔다.

음식물을 통한 암 예방이라고 하면 먼저 야채와 과일을 떠올리는 사람이 많을 것이다. 하지만 이번 보고서 결과를 보면 기존에 생각하던 것만큼 야채나 과일의 역할이 그리 크지 않다는 것을 엿볼 수 있다. "지금까지 암 예방에 특효라고 믿고 과일, 야채를 많이 먹으려고 애써 왔는데……" 하고 실망하는 사람도 있을 것이다. 하지만 과일이나 야채는 심장병, 뇌졸중, 당뇨병 예방에 도움이 되므로 잘 찾아 먹는 편이 좋다는 사실에는 변함이 없다.

그런데 두 가지 보고서에서 모두 대다수 부위의 암 발병 위험도를 상승시킨다고 판정받은 식품이 알코올음료, 즉 술이다. 제2판에서는 구강·인두·후두, 식도, 대장(남성), 유방(폐경 전), 유방(폐경 후) 등의 암에서 '확실', 간장, 대장(여성) 등의 암에서 '거의 확실' 판정을 받았다.

술 때문에 생기는 암이라고 하면 식도암이나 간암을 떠올리는 사람이 많다. 하지만 알코올은 여성의 유방에도 '확실히'

관계가 있다. 음주를 통해 여성호르몬인 에스트로겐의 농도가 짙어지고 유선의 세포 분열이 촉진되어 이것이 암으로 이어진다는 구조가 고려되고 있다.

'베타카로틴'에 의해 폐암 위험도가 '확실'히 상승한다는 판정에도 주목할 필요가 있다. 당근이나 호박에 들어 있는 베타카로틴은 일찍이 암 예방의 으뜸으로 여겨져 왔다. 하지만 다량의 베타카로틴 보조식품을 계속 섭취하면 흡연자의 폐암 발병이 도리어 증가한다는 연구가 1990년대부터 계속해서 보고되었다. 이러한 연구 결과가 이번 판정에 바탕이 되어 있다. 물론 당근이나 호박 등 야채를 통한 베타카로틴 섭취량은 걱정할 필요가 없다.

암 예방 보조식품은 필요 없다

제2판 보고서에서는 표에 나타난 평가 판정을 바탕으로 다음의 항목을 권장하고 있다.

- 마르지 않은 범위에서 가능한 한 체중을 줄인다.
- 매일 30분 이상 운동한다(빨리 걷기 같은 중등도의 운동).
- 고열량 식품을 삼가고 당분이 들어간 음료를 피한다(패스트푸드나 소프트드링크 등).

■ 각종 야채, 과일, 정제하지 않은 곡물인 전곡류, 콩류를 먹는다(야채와 과일은 하루 400g 이상).

■ 소, 돼지, 양 등의 육류(닭은 제외)를 삼가고, 가공육(햄, 베이컨, 소시지 등)을 피한다(육류는 주 500g 미만).

■ 알코올음료는 남성 하루 2잔, 여성은 1잔까지만 마신다 (1잔은 알코올 10~15g, 일본주 약 90ml).

■ 염분이 많은 식품을 삼간다.

■ 암 예방 목적으로 보조식품을 먹지 않는다.

■ 생후 6개월까지는 모유만으로 키운다(여성의 유방암 예방과 어린이 비만 예방).

■ 암에 걸린 적이 있는 사람은 예방을 위해 위에 적은 권장 사항을 따른다.

앞의 열 가지 항목을 정리하자면 '비만을 피하고, 운동을 하고, 여러 가지 몸에 좋은 음식을 먹고, 육류와 술과 염분은 삼가고, 특별한 보조식품은 필요 없음'이 된다. 결론만 보면 매우 간단해 보이지만 이것이야말로 최신 과학적 근거에 따른 암 예방책이다. 단순한 생활습관을 꾸준히 실행하는 것이 가장 과학적인 암 예방책이며, 고가의 건강식품이나 특별한 습관은 필요하지 않다. 범람하는 보조식품이나 건강식품 정보에 현혹되지 않는 자세가 필요하다.

[유쾌한 대담 2]

혼자 살기,
말년의 보금자리를
찾아서

가와모토 사부로(川本三郎)

1944년생. 아사히 신문사 기자를 거쳐 작가 겸 문학·영화 평론가로 활동하고 있다. 『마이 백 페이지』라는 제목의 자서전이 동명의 영화로 만들어지기도 했다

요시모토 유미(吉本由美)

1948년생. 수필가. 과거 여성지 프리랜서 작가 및 인테리어 스타일리스트로서 활동했고 현재는 집필에 전념하고 있다. 다수의 저서를 출간했으며 국내에 번역된 책 『홀가분한 삶』에 그의 구마모토 생활이 소개되어 있다.

평론가 가와모토 사부로 씨의 아내인 패션 평론가 가와모토 게이코 씨가 3년간의 투병생활 끝에 사망한 때는 2008년 6월. 그로부터 2년 반이 지나 가와모토 씨는 아내와 함께 살았던 아파트에서 나와 독신자 아파트로 이사했다.

한편 요시모토 유미 씨는 1980년대부터 《앙앙》,《올리브》 등 여성지에서 활약한 인테리어 스타일리스트이다. 1990년대부터는 집필 활동에 전념해 여행 에세이를 비롯한 많은 저서가 인기를 얻고 있다. 요시모토 씨는 이번에 44년간의 도쿄 싱글 생활을 끝내고 규슈 구마모토의 고향에 내려가 살기로 결심했다.

가와모토 저 사실은 작년 말에 이사했습니다. 그래서 아직 집 안이 박스 투성이예요.

요시모토 아이고, 힘드시겠네요.

가와모토 젊은 편집자들이 도와주어서 꽤 수고를 덜었지만 책이나 DVD, CD 정리는 직접 할 수밖에 없어서요. 이게 아주 큰일이네요. 이제 더 이상 이사는 못해요. 이번 집이 아무래도 최후의 보금자리가 될 것 같습니다. 요시모토 씨는 3월에 구마모토 고향으로 돌아가신다고 들었는데, 이사 준비는 잘돼 갑니까?

요시모토 그게 전혀…… 슬슬 책장부터 시작하려고 해요.

가와모토　짐 정리는 저보다도 요시모토 씨가 더 힘들 것 같은데요. 그릇이나 옷이 많지 않으신가요?

요시모토　그런 물건들은 진작 정리했죠. 40년 전 지금 집으로 이사 올 때 식기장을 놓지 않기로 결심해서 지금은 최소한의 그릇만 갖고 있어요. 지인들한테 주거나 중고 시장에 팔거나 해서 처분해 왔지요. 절대로 입지 않는 옷은 봉사단으로 보내고요. 문제는 레코드나 책, 일 관련 자료들이에요. 벌써 옛날에 끝난 일인데도 추억이 담겨 있어서 버리질 못하겠네요.

가와모토　애정이 담긴 물건들이군요. 요시모토 씨는 원래 구마모토 출신인가요?

요시모토　네, 구마모토 시내예요.

가와모토　고향집은 아파트인가요?

요시모토　단독주택이요.

가와모토　단독주택이라, 힘들지 않습니까?

요시모토　힘들지요, 낡았으니까요.

가와모토　그러고 보니 몇 년 전에 만났을 때 장거리 간호하러 다닌다고 하셨죠?

요시모토　네, 오빠랑 동생이랑 제가 교대로 부모님을 돌보러 다녔는데 두 분 다 집에서 수발할 수 없게 되어서 1년 전에 시설로 들어가셨어요.

가와모토　양친은 연세가 어떻게 되시죠?

요시모토　아버지는 95세, 어머니는 87세예요.

가와모토　여든 넘은 부모님이 함께 살고 계셨던 거군요.

요시모토　개호보험을 최대 한도로 사용해서 방문요양보호사 분을 하루 네 번 불렀습니다. 그런데 어머니가 집에서 자꾸 넘어지셔서 한밤중에 쓰러져 계신다는 전화를 몇 번이나 받게 되었어요. 그래서 이번엔 상주 요양보호사를 부탁했더니 비용이 어마어마하네요. 매달 돈이 술술 빠져나가요. 도저히 무리다 싶어서 요양시설에 신청했는데 100명이 대기 중이라네요. 난감해하던 차에 두 분의 요양 등급이 올랐고 그래서 우선 들어가실 수 있었어요. 2인실에 함께 들어가셨죠.

가와모토　그거 잘됐군요. 실례지만 서로 알아보십니까?

요시모토　두 분 다 치매가 와서 오늘이 며칠인지 그런 건 모르지만 대화는 가능해요. 하체가 약해서 돌아다닐 걱정도 없고요.

가와모토　그 나이까지 부부가 함께 지내며 아마 같은 방에서 최후를 맞이하실 텐데, 어떤 의미에서는 행복한 일이네요.

요시모토　그래서 저는 엄마한테 말해요. "정말 부럽다. 나는 혼자니까 나중에 엄마처럼 자식들이 돌봐줄 수도 없고, 돈도 없고, 비참해." 그러면 엄마는 "그러게, 네가 걱정이다." 하셔요.

가와모토　　　그런 대화가 가능하다면 치매가 아닌 것 같은데요?

요시모토　　　부분적인 치매예요. 엄마의 상태를 모르는 사람과 대화하면 터무니없는 일이 벌어지기도 해요. 리모델링 사기라는 걸 당해서 1,000만 엔 정도 날린 일도 있었어요.

가와모토　　　아니, 그게 어떤 사기인데요?

요시모토　　　흰개미 퇴치라느니 공기 잘 통하게 하는 공사가 집에 필요하다느니 하시기에 조사해 보니 그런 장치가 이미 되어 있었어요. 변호사에게 봐달라고 했더니 리모델링 사기라고 하네요. 십 몇 개의 업자가 연결되어 있고 본사는 실체가 없어서 재판을 해도 돈을 못 돌려받는다고요. 그때는 정말 자식들이 옆에 있어드리지 못한 게 어찌나 죄송하던지. 친구 어머니도 이불 사기를 당했어요. 집에 이불이 엄청나게 많아서 어떻게 된 거냐고 물으니 아주 좋은 거라고 해서 사셨대요.

가와모토　　　아이고, 나이 들수록 정말 주변에 누가 없으면 걱정이군요.

나이 들어 혼자 사는 생존 기술

요시모토 　리모델링 사기도 옛날부터 친하게 지내던 동네 전파상 아저씨가 전화로 말해 주셔서 알았어요. 부모님 댁에 전구를 갈아드리러 갔는데 수상한 남자들이 어슬렁거린다며 이상하다고 하셨죠.

가와모토 　그런 걸 생각하면 나이 먹기가 점점 두려워지네요. 얼마 전에 혼자 살던 여성이 자기 집 화장실에 갇힌 사건이 있었죠. 화장실에 들어가서 문을 닫았는데 거실에 세워두었던 코타츠(일본식 난로―옮긴이) 세트 상자가 넘어져서 문을 막는 바람에 문을 열 수 없게 됐다고요. 남의 일이 아니라고 생각했지요.

요시모토 　저도 그 사건 보면서 정말 물건이 탁 쓰러져서 문을 열지 못하게 될 수도 있다는 걸 처음 알았어요. 그때부터 저도 문 근처에는 뭔가를 두지 않아요. 혼자 사는 사람에게 좋은 교훈이 되었지요. 그 여자 분은 8일이나 갇혀 있다가 무사히 구출되었다니 다행이에요.

가와모토 　이렇게 되면 자기 집 화장실에도 비상용 벨을 달아야 하나요? 휴대폰을 들고 간다거나.

요시모토 　우리는 욕실 문이 낡아서 가끔 안 열릴 때가 있어요. 그래서 혹시 그럴 때 쓰려고 드라이버를 안에 두었지요. 여차할 때는 문을 비틀어서 열고 나올 수 있게요. 나이 먹으면서 생활이 점점 서바이벌이 되어가요. (호호)

가와모토 저는 조금 작은 곳으로 가려고 이사했는데요, 보통 아파트는 가족용으로 설계되어 있어서 혼자 사는 사람이 활용하기에 불편해요. 일례로 가족이 모이는 거실이 너무 넓어요. 별 수 없이 칸막이를 쳐서 한쪽 편을 서재로 만들었지만 욕실도 왜 이렇게 넓은가 싶어요.

요시모토 그런데 또 독신용 아파트에는 그런 장소가 지나치게 좁아요.

가와모토 그래도 독신용은 애초부터 여기저기에 손잡이가 달려 있고, 배리어 프리(barrier free: 고령자나 장애인의 편의를 위해 생활 공간에서 물리적·심리적 장벽을 없앤 것—옮긴이)만큼은 철저하게 되어 있으니까요.

요시모토 우리 집도 부모님이 오래 생활하셔서 거의 그런 구조예요.

가와모토 마지막 보금자리가 될 수 있을 것 같아요?

요시모토 음. 아직은 모르겠지만 좀 더 나이가 들면 지은 지 50년 넘은 단독주택은 힘들지 않을까 싶어요. 덧문 같은 것도 몇 개나 열어야 하고. 엄마도 오랫동안 2층 덧문은 열지도 않았는데, 나도 그렇게 되는 건가 싶어 씁쓸하기도 하고요. 2층이 비어 있는 낡은 집에서 할머니 혼자 사는 것도 그렇고. (후훗) 게다가 옛날에 있던 주변 집들은 전부 주차장이 돼버렸어요.

가와모토　어릴 때 친구들은 없나요?

요시모토　고등학교 졸업하고 계속 도쿄에 살아서 오래 사귄 친구들은 구마모토에 없어요. 최근에 조금 알게 된 젊은 사람들은 있지만.

가와모토　적지 않은 나이에 과감한 결단을 했군요.

요시모토　지금까지의 생활에 질린 거죠. 도쿄에서 독신 생활을 44년 해왔지만 일생은 한 번뿐이잖아요. '다른 생활을 하는 사람'으로 살아보고 싶은 마음이랄까요. 사실 3, 4년쯤 전부터 지방에서 살아보고 싶다는 생각은 했어요. 너무 나이 들어서 가면 낯선 생활을 즐길 수 없을지도 모르니 아직 호기심이나 체력이 남아 있을 때 이사하자고요. 생각해 보니 지금까지 여행이다 일이다 해서 국내 여러 곳을 다녀봤는데 제가 태어난 곳에는 가보지 못했어요. 그래서 지금은 정말 신선하게 느껴져요. 마을 규모가 딱 좋아요. 너무 크지도 작지도 않고. 그 집에 돌아가면 여러 가지 찾아보려고 기대하고 있어요. 부모님이 시설에 들어가시지 않았다면 아마 이렇게 전개되지는 않았을 거예요. 가지 말라는 사람도 있지만 망설이면 절대 내려갈 수 없어요. 그리고 저는 고양이를 키우고 첼로도 배우고 있어서 단독주택이 여러 가지로 편하지요.

가와모토   고양이는 몇 마리인가요?

요시모토   지금은 한 마리예요. 수다쟁이라 엄청 울어대는 녀석이에요. 그래서 주변 사람들이 시끄러울 거예요. 첼로도 잘한다면야 좋겠지만 저는 완전히 소음 수준이라. (호호) 지금 집에서는 소리가 새지 않게 여름에도 문을 꼭꼭 닫고 땀을 뻘뻘 흘려가며 연습해 왔어요. 단독주택은 그런 신경을 쓰지 않아도 되니 좋네요.

요시모토 씨는 50대에 들어서부터 약 10년간 바텐더 수업에 몰두하거나 일본 내 작은 마을을 한가롭게 돌면서 사람들과 만나는 일을 중시해 왔다. 구마모토에서도 처음부터 새로운 만남을 시작해 즐겁게 생활해 나갈 것 같은 예감이 든다.

한편 가와모토 씨의 새집은 예전 집에서 도보로 15분 정도 떨어진 곳이라 생활권은 이전과 거의 변함이 없다.

가와모토   저는 여행을 좋아해서 항상 열차로 여행 다니니, 그게 일종의 기분전환이 돼요. 그래서 이사할 때는 생활 패턴을 크게 바꾸지 않아도 괜찮겠다고 생각했지요. 그리고 이 아파트로 정한 이유 중 하나가 자연입니다. 나이 먹은 탓인지 자연이 그립더라고요. 건물 앞에 공원이 있는데 아주 기분 좋은 녹지예요. 아내랑 자주 산책하던 곳이라서 추억도 있고……. 그런데 역에서는 전보다 멀어요. 가장 가까운 역이 두 군데 있는데 둘 다 도보로 15분 정도예요.

요시모토　15분이면 건강을 생각해서 걷기에 딱 좋네요.

가와모토　생활권은 이전과 거의 같아서 매일 다니는 두붓 집 아저씨는 제가 이사한 줄도 모른답니다. (하하)

요시모토　사는 곳 주변에 한두 집 정도 좋아하는 가게가 있다는 건 아주 중요하지요.

가와모토　저는 두붓집이랑 선술집이 있어요. 전에 살던 곳에는 부부가 운영하는 멋진 선술집도 있고요. 또 신기하게 아직 대중탕이 남아 있어서 이사하고 나서도 가끔 찾아갑니다. 그리고 이건 좀 쑥스럽지만 요시모토 씨와는 달리 남한 테 의지하고 싶은 마음도 있어서 조카딸 부부네 근처에 살고 있어요.

요시모토　그건 다행이네요. 여차할 때 달려와 줄 사람이 가까이 있으면 안심이 되니까요.

가와모토　참, 저는 요즘 부끄러운 것을 들고 다닌답니다. 혼자되어서 여행만 다니고 있으니 도중에 쓰러지기라도 하면 큰일이라 이런 카드를 만들었어요.

요시모토　비상시 연락처를 적은 카드를 직접 만드신 거군 요. 별로 부끄러운 것이 아닌데요. 저도 갖고 있어요. 옛날부 터 고양이를 길러서, 제가 쓰러졌을 때 고양이 돌봐줄 사람의 연락처를 카드에 적어 항상 지갑 속에 넣고 다니지요.

가와모토　　그런가요? 고양이를 위해서군요. 다행이네요. 나만 그런 게 아니어서. (하하)

요시모토　　중요한 일이죠. 지병 같은 걸 써두었더니 쓰러졌을 때 구급대원의 대응이 빨라 목숨을 구할 수 있었다는 이야기도 있잖아요. 나이 문제가 아니라 모두가 해두는 게 좋지요. 저는 작년까지 여행 가거나 병간호하러 내려가는 일이 많아서 긴급 연락처 카드는 항상 갖고 다녔어요. 고양이 돌봐줄 사람의 목록뿐 아니라 고양이 성격까지 적어서요. (호호) 또 고양이 저축이 있는데 그걸 양육비로 써달라는 말까지.

가와모토　　와, 고양이를 위해 저축하고 계신가요. 대단한데요.

요시모토　　그렇게 안 하면 걱정돼서 안심하고 죽을 수가 없달까요. 여행도 못 가겠어요. 대신 제 앞으로는 저축이 없고요. (호호)

식사 준비에 너무 애쓰지 마세요

가와모토　　저는 혼자되고 나서 처음에는 공들여서 식사 준비를 했답니다. 아내가 항상 해주던 것처럼요. 아침저녁으로 꼭 밥을 짓고 여러 가지 요리를 배우기도 했지요. 그런데 작년쯤부터 너무 이런 데 힘을 빼는 게 아닐까 하는 생각이 들었어요. 요즘에는 아침만 직접 만들어 먹어요. 파는 반찬을 사 먹기도 하고요.

요시모토   매일같이 반찬을 사 먹는다면 쓸쓸하지만 한두 가지 직접 만든 게 있으면 괜찮지 않을까요. 바쁠 땐 저도 그래요. 게다가 혼자니까 하나부터 열까지 만들다 보면 재료가 남아돌아서요.

가와모토   맞아요. 당근도 한 개 다 먹기가 힘들고 무 한 개도 다 먹으려면 고생이에요. 전 인터넷 쇼핑도 그만뒀어요. 쓰레기만 늘어나서요. 일단 종이박스. 내용물 하나 꺼내려면 어찌나 관문이 많은지 그걸 다 버릴 생각만 해도 벌써 지치지요.

요시모토   30대에는 유기농 야채에 빠져서 주문해 먹곤 했는데 지금은 다 못 먹고 버리는 게 더 신경 쓰여요.

가와모토   음식을 열심히 만들지 않게 된 이유 중 또 하나는 2009년에 수학자 모리 쓰요시 씨가 직접 요리를 하다가 화상을 크게 입은 일 때문이에요. 가스불이 옷에 붙어서 그랬죠. 나한테도 있을 수 있는 일이라는 생각이 들었어요. 또 요즘엔 택배 기사를 가장한 사람한테 노인이 살해당한 사건도 있었고요.

요시모토   무섭지요. 하여간 택배가 오면 바로 문 열지 말고 발신인이 누군지 물어보라고 경찰이 그러더라고요.

가와모토　　그렇군요. 요시모토 씨와 이런 이야기를 할 줄은 젊을 땐 생각도 못했는걸요. (하하)

요시모토　　정말이네요. 우리가 맨 처음 대담했을 때는 주제가 산책이었지요.

가와모토　　맞아요, 20년쯤 전이었어요.

요시모토　　그때는 둘 다 젊었어요. 가와모토 씨는 건강검진에서 어딘가 주의해야 할 부분 없던가요?

가와모토　　일단 혈압이에요. 높아서요.

요시모토　　술 때문인가요?

가와모토　　체질적인 것도 있지만 역시 술이지요. 혼자 집에 있다 보면 밤에 술을 마시게 되는 일이 많아서요. 그래서 이제는 밤에 일찍 자려고 해요. 빠를 때는 9시쯤에 자버립니다. 작년 여름에 이런 일이 있었어요. 무더위에 열사병으로 죽는 노인이 많지 않았습니까. 저는 그날 7시쯤부터 술을 한잔 하고 8시쯤에 벌써 잠들어 버렸어요. 마침 그날 편집자가 저한테 전화를 했는데 여러 번 해도 받지 않으니 제가 열사병에 걸린 게 아닌가 싶어 소방서에 신고를 한 겁니다. (하하) '방 안이 왜 이렇게 시끄럽지?' 하며 눈을 떠보니 낯선 남자가 네 명이나 서 있어서 얼마나 놀랐던지요.

요시모토　　우와, 대단하네요.

가와모토   구조대원들이 무전기로 "생존자 1명 발견." 막 이런 말 하고 있고요. (하하)

요시모토   이제부터 시골에서 독거 생활에 돌입하는 몸으로서 거듭 주의하지 않으면 안 되겠어요.

가와모토   작년에는 해프닝으로 끝났지만 심각한 경우도 생길지 모르니까요. 그 편집자에게는 고마웠지요. 지금까지 휴대전화는 제가 걸 때만 썼는데 그때부턴 걸려오는 걸 꼭 받으려고 해요.

요시모토   저도 휴대폰은 계속 안 갖고 다녔는데 부모님 상태가 나빠지신 후부터는 서로 휴대폰으로 안부를 확인하게 됐어요. 가와모토 씨 집에서 무슨 일이 생기면 분명 조카분이 달려와 주겠지만 근처 이웃들과도 사이좋게 지내는 게 좋겠네요. 저는 지금까지 주변 사람들에게 도움을 많이 받아왔거든요.

마지막은 어디서 보내고 싶으세요?

가와모토   미국에 조지 반즈라고 아흔 넘어서까지 활약한 배우가 있는데 그가 한 농담 중에 이런 걸작이 있어요. 어느 날 인터뷰 도중 트레이드마크인 시가를 피우면서 브랜디인가

뭔가를 마시고 있었대요. 그래서 진행자가 "그 연세에 그렇게 시가를 피우고 브랜디까지 마시면 주치의가 뭐라고 하지 않습니까?" 했더니 "내 주치의는 벌써 옛날에 죽었지." 하더래요. (하하) 나도 그런 경지까지 가고 싶어요.

요시모토   가와모토 씨는 집에서 임종을 맞고 싶으세요?

가와모토   임종이요, 저 같은 경우는 아내가 먼저 갔기 때문에 아마 내가 죽을 땐 '아, 아내 만나러 가겠구나' 하고 생각할 것 같아요. 그런 점에서는 아내에게 감사하고 있지요. 그래서 장소는 굳이 신경 쓰지 않습니다. 집보다는 오히려 예쁜 간호사가 있는 병원이 더 낫죠. (하하)

요시모토   제 바람은 만약 암처럼 마지막까지 의식이 분명한 병에 걸린다면 집에서 마지막을 맞고 싶어요. 반대로 의식이 흐려지는 병이라면 주변 사람이 힘들 테니까 병원이 좋을 것 같아요.

가와모토   그럴 수도 있겠네요.

요시모토   친한 친구가 죽을 때, 그 친구 이름을 부르면서 손을 잡았더니 다시 내 손을 꽉 잡아주었어요. 그걸 보면 대체로 의식이 없다고 해도 뭔가가 있지 않을까 싶어요.

가와모토   귀는 마지막까지 살아 있다고 하죠. 그래서 죽어가는 사람 옆에서 가족들이 장례식 얘기 같은 거 하면 절대 안 된다고요.

요시모토   갑자기 쓰러져 죽는 경우가 아닌 이상, 아주 친한 사람이 손을 잡아주면 안심하고 죽을 수 있지 않을까 싶기도 해요. 구마모토에 돌아가면 주변에 그런 사람이 없어지네요. 그래도 이제부터 새로운 인연을 만들 수 있겠죠. 그리고 말기에는 연명치료를 원하지 않는다든가 그런 의사 표시도 유언에 해둬야 할 거예요.

가와모토   유언 같은 건 벌써 써두셨나요?

요시모토   유언이라기보다 고양이나 남은 일에 대한 처리를 부탁한 내용이죠. 혼자이기 때문에 나중에 뒤처리해 줄 사람이 곤란하지 않도록 30대부터 써오고 있어요. 그래도 상황이 변하니까 계속 고쳐 쓰고 있고요.

가와모토   역시 혼자 살기 베테랑은 다르군요. 저는 아직 3년차라서…….

요시모토   제 쪽에서 보면 가와모토 씨는 자취 1년생 같은 느낌이에요. (훗훗)

가와모토   선배님께 좀 더 요령을 배워야 할 텐데.

요시모토   저도 구마모토 생활이 어떨지는 아직 모르겠어요. 그래도 분명 거기서 또 지인들이 생길 테니 즐겁게 지내면서 지금까지와는 다른 세상을 만들고 싶어요. 지금 계획으로는 자전거를 사서 여기저기 탐험해 보려고요.

가와모토   이제 전동 아니면 안 돼요. (하하)

요시모토   하체를 단련하려면 전동이 아닌 편이 좋죠. 구마모토를 시작으로 규슈 일대의 아직 알려지지 않은 수제품 가게를 찾는 여행도 재미있을 것 같아요.

가와모토   구마모토의 야쓰시로에서 히토요시까지 가는 히사쓰 선 열차는 젊은 여성 차장이 많아요.

요시모토   그건 몰랐네요.

가와모토   JR규슈는 열차 디자인이 멋지고요.

요시모토   아, 그건 저도 알아요. 쓰바메라던가, 미야자키에서 오이타를 통해 하카다로 가는 열차인데 내부 색상이나 디자인이 굉장히 예쁘죠.

가와모토   요시모토 씨 의외로 철도 마니아군요. 자, 그럼 다음은 규슈에서 철도 이야기를 해볼까요?

요시모토   좋지요. 그때까지 재미있는 곳을 많이 알아둘게요.

6

요양시설만이
정답은 아니다

노후에 살 곳을 고르는 기준

혼자 사는 생활에 대한 불안이나
노화, 요양 준비 등의 이유로 노인 전용 주택
이주를 생각하는 사람이 늘고 있다.
하지만 정말 노인주택이나 시설에 들어가면
노후를 안심하고 보낼 수 있을까?

나가오카 미요(長岡美代)

개호·의료 저널리스트. 요양기관 경험을 계기로 노인 요양과 의료, 생활방식을 중심으로 한 취재 및 집필 활동을 하고 있다. 『60대부터의 이사를 생각하는 책』, 『부모의 입원·간병에 직면했을 때 읽는 책』 등을 펴냈다.

‘자식에게 폐 끼치고 싶지 않다’는 생각에, 익숙한 집을 떠나 식사나 안부 확인 서비스 등이 제공되는 노인주택으로 이주하려는 노년층이 늘고 있다. 핵가족화로 인해 혼자이거나 배우자와 둘뿐인 노년 세대가 늘었고 가족에게 간호를 맡기기 어렵다는 사정도 있다. 그런데 노인주택은 종류가 많고 무엇을 어떻게 선택해야 좋은지 판단하기 어렵다는 문제가 있다.

　비교적 건강할 때 들어갈 수 있는 곳으로 ‘유료 노인홈’이 있다. ‘요양보호 제공형’과 ‘주택형’, 두 가지 유형이 있고 둘 다 식사와 비상시 대응 서비스가 제공된다. 하지만 요양보호가 필요해졌을 때는 대처법이 서로 다르기 때문에 주의가 필요하다.

건강할 때 시설에 들어가면
후회할 일이 생길지 모른다

'요양보호˚ 제공형 유료 노인홈'은 1인실과 요양보호가 일체화된 것이 특징이며 행정기관에서 '특정시설 입소자 생활개호' 시설로 지정받은 곳을 가리킨다. 입소자 3인당 간호사나 요양보호사 등 직원을 1인 이상 배치하여 24시간 요양보호가 제공된다. 요양보호를 필요로 하는 노인 전용 시설이 많지만 건강한 노인도 입소할 수 있으므로 나중에 필요할지 모르는 요양보호에 대비할 수 있다는 이점도 있다.

한편 '주택형 유료 노인홈'은 요양보호가 필요할 경우 방문요양이나 주간보호˚ 등을 제공하는 사업소와 별도로 계약을 해야 한다. 필요한 서비스를 자유롭게 조합해서 이용할 수 있다는 이점이 있다.

현재 일본 전국에 유료 노인홈은 7,076곳이 있는데 이 중 주택형이 4,029개소로 요양보호 제공형보다 많다(2012년 3월 말 현재, 필자 조사). 개호보험˚ 사용량 증가를 우려한 지자체에서 요양보호 제공형 신설을 억제하고 있어, 사업자들이 별다른 규제가 없는 주택형에 뛰어들고 있기 때문이다. 정원이 10명 미만인 소수 인원 대상의 시설에서 기존 아파트를 수리한 시설까지 규모나 가격대가 다양하다.

최근에는 노인 대상의 임대주택이 등장한 점도 눈에 띈다. 유료 노인홈처럼 고액의 일시금이 필요하지 않고 월 10만 엔 전후로(집세, 관리비, 식비 포함) 지낼 수 있는 곳도 있다. 연금으로 생활하는 고령자에게는 좋은 소식일 것이다. 일반 주택처럼 사생활이 보장되며 자유롭게 생활할 수 있다는 점도 인기를 얻고 있다. 그중에서도 주목할 것이 '서비스 제공형 노인임대주택'이다. 방 크기나 설비가 일정 기준을 충족하고 '배리어 프리' 구조로 되어 있는 주택으로서 비상시 대응(안부 확인)과 생활 상담도 제공된다. 국가가 건설 보조금을 대고 세금우대도 해주기 때문에 부동산, 건설회사 등에서도 사업에 속속 뛰어들고 있다.

요양보호가 필요해지면 기본적으로 주택형 유료 노인홈처

● 요양보호 : 일본어 원문은 개호(介護)이며, 고령자나 장애인을 수발하는 것을 뜻한다. 질병에 대한 '간호'보다 범위가 넓으며 한국에서는 수발, 간병이라고도 한다.
● 주간보호 : 일본에서는 데이서비스라 부른다. 낮 동안만 전문 시설에 가서 식사나 목욕 등 생활 지원이나 생활 기능 훈련, 레크리에이션 등을 이용할 수 있다. 차량 운행이 지원된다.
● 개호보험 : 2000년 도입된 일본의 노인전문 요양보험. 한국의 장기요양보험과 비슷하다고 볼 수 있다. 노화나 질병 등으로 일상생활에 도움이 필요한 노인이 지원 서비스를 이용할 때 이용료의 90퍼센트를 환급해 준다. 보험료는 40세부터 의무적으로 납부하며, 요양보호를 필요로 하는 65세 이상 고령자가 이용할 수 있다. 요양이 필요한 사람은 상태에 따라 요지원자, 요개호자 등의 등급으로 구분된다.

럼 요양보호 센터와 별도로 계약해야 하지만 자체 센터를 병설하여 요양시설 못지않은 서비스를 제공하는 곳도 있다. 다만, 이때 주의할 점이 있다. 요양보호 센터가 병설되어 있어도 야간이나 휴일에는 직원이 없거나 중증 간호가 필요해졌을 때 대응이 불가능한 경우가 있기 때문이다. 비상시 대응도 야간에는 경비 회사에 위탁하는 주택이 있다.

특히 치매에 걸리면 나가 달라고 요구하는 경우도 있으니 이 점에 유의해야 한다. 이유 없이 이리저리 돌아다니거나 큰 소리를 지르거나 남의 집에 함부로 드나드는 일이 반복되면 '공동생활이 불가능하여 타인에게 폐를 끼친다'는 이유로 퇴거를 요구하는 경우가 종종 있다. 노인임대주택이 반드시 마지막 거처가 되리라는 보장은 없다는 말이다. 이 점은 유료 노인홈도 마찬가지다.

장기적으로 임종기의 간병을 기대한다면 어느 정도까지 가능한지 확인한 후에 직원이 보유한 자격이나 인원 배치 수(야간 및 휴일 포함), 비용 등을 꼼꼼히 따져보고 계약서와 중요 사항 설명서도 확인해 두어야 한다. 건강한 노인에게는 감기 등으로 몸 상태가 나빠졌을 때 지원받을 수 있는지도 의외로 중요하다. 요즘에는 시설 유형이나 외관에 따른 차이를 판별하기 어렵기 때문에 입소하기 전에 이용자가 시설을 간파하려는 노력이 필수이다. 입소하고 나서 후회하는 일이 없도록 자

일본의 노인 대상 요양시설

요양보호 제공형 유료 노인홈	규정된 간호·요양보호 직원을 배치하고 있으며 개호보험의 '특정시설 입소자 생활 개호' 시설로 지정받은 곳. 식사나 비상시 대응(안부 확인)도 제공. 1인실과 요양보호가 일체화된 것이 특징. 건강할 때 들어갈 수 있는 시설도 있다.
주택형 유료 노인홈	식사나 비상시 대응 서비스를 제공하는 시설. 요양보호가 필요해지면 방문요양이나 데이서비스 등을 제공하는 사업소와 별도로 계약해야 한다.
서비스 제공형 노인임대주택	방의 크기나 설비가 일정 기준을 충족한 배리어 프리 구조의 고령자 주택. 비상시 대응과 생활 상담 서비스가 포함되지만 그 외의 서비스는 주택마다 다르다. 요양보호가 필요해지면 방문개호나 데이서비스 등을 제공하는 사업소와 별도 계약하는 것이 기본.
노인 대상 임대주택	노인 전용 임대주택. 명칭은 '노인주택' '시니어 전용 맨션' 등 다양하다. 시설이나 서비스 내용에 규정이 없다. 행정이 관여하지 않은 건물도 많다.
케어하우스	식사나 비상시 대응 서비스를 제공하고 소득에 따른 월별 비용 경감책이 있는 시설. 요양보호는 사업소 등과 별도 계약이 기본이지만 규정된 요양보호 직원을 배치한 '특정시설'도 있다.

퇴거 요건 등에 따라 아래와 같은 곳으로 옮겨야 하는 경우도 있다.

중등·고등도의 요양이 필요한 노인(주로 요개호 3급 이상) 대상의 요양시설

특별요양 노인홈 (개호 노인 복지시설)	중등도 이상으로 우선순위가 높은 노인이 입소 가능. 임종 대응이 가능한 4인실이 주류이나 최근에는 개인실이 늘어나는 추세.
개호 노인 보건시설	전문적인 재활치료를 받으며 기본적으로 재택 복귀를 목표로 하는 시설. 입소 기간은 3~6개월이 일반적이나 시설에 따라 장기 체재가 가능한 곳도 있다.
개호 요양형 의료시설 (개호 요양 병상)	급성기 치료를 마친 후 장기 요양이 필요한 중등도의 요개호자 대상 의료시설. 의사가 상주하며 임종 대응도 가능.
치매 노인 그룹홈	치매 진단을 받은 요개호자 대상 시설. 소수 케어가 특징. 원칙은 시설이 위치한 지역의 주민만 이용 가능.

신이 원하는 생활에 맞는 서비스가 있는지 꼼꼼히 확인할 필요가 있다.

집을 팔고 시설에 들어가기 전에 신중히 따져볼 것들

"매일 식사 준비하는 게 버거웠어요." 사토 가즈오(가명, 77세) 씨는 아내와 사별하고 혼자 살아가고 있다. 그가 사는 도카이 지방 시골 마을에는 식당이 별로 없다. 큰맘 먹고 4년 전에 자택에서 나와 약 3,000만 엔의 일시금을 지불하고 식사가 제공뇌는 간사이(혼슈 중서부에 위치한, 오사카와 교토를 포함한 지방—옮긴이)의 유료 노인홈에 들어갔다.

"시설에 들어가려고 스터디 모임도 나가고 유료 노인홈을 여러 곳 견학했습니다. 대기업이 경영하는 곳도 가보았지만 너무 노인 취급하는 분위기가 싫었어요. 여기는 건강한 입소자가 많고 직원들도 성실해서 좋습니다." 이렇게 말하는 그는 입소 후 생활에도 만족하는 모습이었다.

사토 씨에게는 자녀가 세 명 있지만 각자 독립해서 가정을 갖고 있다. 부모님 간병으로 고생하던 아내의 모습을 보았기에, 본인은 유료 노인시설에 들어가 간병이 필요할 때를 대비해야겠다고 생각했다.

그러나 이 시설을 운영하는 모기업은 2008년 가을의 리먼 쇼크를 계기로 본업인 부동산 실적이 악화되어 언제 도산할지 모른다는 소문이 돌 정도가 되었다. 입소자도 예상만큼 모이지 않고 토지와 건물의 소유권이 떠돌아 사업자가 계속 바뀌는 사태까지 이르렀다.

"서비스 내용은 들어올 때와 변함이 없고 직원들도 제대로 잘해 줍니다. 인생에 리스크는 따르는 법. 큰 걱정은 안 합니다." 놀랄 만큼 침착한 사토 씨의 반응이 오히려 당황스러울 정도이다. 여차하면 자식에게 도움을 요청할 생각도 있을 것이다. 하지만 누구나 사토 씨처럼 과감할 수는 없다.

고액의 일시금을 지불하고 유료 노인시설에 입소했는데 경영 악화로 운영이 정상화되지 못한 사례가 실제로 나타나고 있다. 요미우리신문이 전국 자치단체에 조사한 결과 2006년 4월부터 2009년 9월까지 3년 반 동안 경영난 등으로 문을 닫거나 사업자가 바뀐 유료 노인홈이 342곳에 이른다는 사실이 밝혀졌다. 이 중 폐쇄된 곳은 65개이다.

건강한 노인을 대상으로 한 유료 노인홈의 평균 일시금은 1,838만 엔(2012년 7월 현재, 타무라 플래닝&오퍼레이팅 조사)이다. 나중에 요양보호를 받을 생각으로 들어가는 사람이 많아, 실제로 그 서비스를 받으려면 아직 5~10년 남은 경우도 있다. 그러나 입소할 때 미래의 경영 상태까지 미리 간파하기는 어려운 법이다. 사토 씨처럼 집을 팔아서 일시금 지불에 충당한 경우는 사업자가 도산했을 때 갈 곳이 없어질 위험이 있다. 들어갈 때 낸 돈을 거의 돌려받지 못한 사례도 있다는 점을 알아야 한다.

특별요양 노인홈 등의 요양시설이 부족하기 때문에 유료 노인홈 시장 자체는 앞으로도 성장할 것이다. 수면 아래에서는 경영난으로 매각을 원하는 시설 정보가 관계자들 사이에 떠돌고, 능력 있는 기업이 시설을 통째로 매수하는 예도 적지 않다. 그러나 사업자가 바뀐 결과 서비스 질이 저하되었다거나 월 이용료가 인상되었다는 경우도 있다. 유료 노인홈 서비스는 입소해 보지 않고서는 그 실상을 알 수 없다. 생각하던 서비스가 아니었다거나 다른 입소자와 맞지 않는다는 이유로 어쩔 수없이 나와야 하는 일도 생긴다. 만일의 경우, 돌아갈 곳이 있다면 위험 부담이 줄어들 것이다. 그런 의미에서 집을 파는 일은 신중히 검토해야 한다.

집을 팔지 않고 입주 자금을 확보하는 방법이 있다. 역모기지론reverse mortgage은 집을 담보로 은행에서 자금을 빌린 후 사망 후에 주택을 매각해서 대금을 상환하는 방식이다. 나이가 들수록 일반 융자는 어려워지지만 가진 집을 활용하면 자금을 만들 수 있다.

하지만 여기에도 리스크가 있다. 은행은 담보 물건을 정기적으로 평가해 토지 평가액이 떨어진 경우에는 융자 한도액도 낮아지므로 그 시점에 상환을 요구하게 된다. 경우에 따라서는 사망 전에 집을 매각해야 할 가능성도 있다. 융자 가능한 연령에도 제한이 있어서 어느 은행에서는 55~80세가 대상이다. 이 나이보다 오래 살게 되면 융자를 이용할 수 없어 기존 대출금을 변제해야 한다. 이처럼 반드시 계획대로 되지 않는 경우도 있으니 주의할 필요가 있다.

목돈을 한꺼번에 얻을 수는 없지만 자택을 임대로 내주어 자금을 확보하는 방법도 생각해 보자. 일반사단법인 이주·이사 지원기구(도쿄 도 치요다 구)에서는 50세 이상 고령자가 소유한 주택을 육아 중인 가정 등 젊은 세대에게 빌려주어 길게는 종신까지 임대료를 보증해 주는 '마이홈 차용제도'를 실시하고 있다. 어떤 이유로 자택에 돌아와야 할 일이 생기면 3년마다 있는 갱신 시기에 중도해약도 가능하다. 임대료는 시세보다 다소 낮게 책정되어 있지만 노인주택으로 이주한 경우 월 이용료 지불 등에 충당할 자금이 될 수 있다. 자택에 가재도구 등을 보관할 수도 있어서 활용하기 좋다. 임차인이 없으면 임대료를 얻지 못한다는 문제가 있지만 검토해 볼 가치는 있다.

건강한 고령자가 노인주택으로 이주하는 동기는 다양한데

사토 씨처럼 식사 준비에 부담을 느끼거나 몸이 안 좋아 쓰러졌을 때를 대비한 경우가 많다. 최근에는 고령사회에 맞추어 민간 기업이 노인 대상의 다양한 서비스를 제공하고 있으니 자택에서 그런 서비스를 활용하는 방법도 있다.

노인 대상의 긴급호출 서비스는 호출 버튼을 누르면 직원에게 연결되어 필요에 따라 달려와 준다. 센서로 사람의 움직임을 감지하여 일정 시간 움직임이 없으면 직원이 출동하는 서비스도 있다. 혼자 사는 부모님의 안부를 걱정하는 자녀에게도 도움이 되는 서비스이다.

집으로 음식을 배달해 주는 식사 서비스 사업에도 노인요양 사업자나 편의점 업계 등이 뛰어들고 있다. 노인들의 불안을 해소해 주는 서비스는 앞으로도 확대될 전망이다. 긴급호출 서비스나 식사배달 서비스는 자치단체에서 저렴한 요금으로 시행하는 경우도 있으니 지역 행정기관의 노인복지 담당 창구나 가까운 지역포괄지원센터에 확인해 보면 좋을 것이다.

개호보험제도가 시작되면서 방문요양이나 주간보호 등을 제공하는 요양 서비스 사업자가 늘었다. 하지만 휴일이나 이른 아침, 한밤중에 대응이 가능한 사업자는 적다. 그 해결책으로 기대되는 것이 2012년 개호보험 개정으로 제도화된 24시간 대응 방문서비스다. 홈헬퍼(노인이나 장애인 가정을 방문하여 가사와 개인 활동을 돕는 사람—옮긴이)나 간호사가 정기적으로 집을 방문해 돌봄이나 간호를 제공하는 것 외에 비상시 호출에도 응해 준다. 현재 사업소 수는 매우 적지만 전국에 보급되도록 국가적으로도 힘을 쓰고 있다. 노후 대책의 하나로서 지역의 노인요양 복지에 관심을 갖고 동향을 주시하는 것이 좋다.

위루술 때문에 거처를 잃은 사례도 있다

최근에는 임종이나 죽음에 대해 다루는 매체가 늘고 있다. 그만큼 세간의 관심이 높아졌다는 증거이다. 죽음이 코앞에 닥친 상태에서는 주로 인공호흡기나 경관영양(튜브를 끼워 영양물을 보급하는 영양법—옮긴이) 등 생명을 연장시키는 의료를 선택하도록 강요받는 일이 많다. 그중에서도 입으로 먹지 못하게 되었을 때의 대응은 가족에게도 고민스러운 문제이다.

'내가 남편의 생명을 결정해도 괜찮을까?' 마치다 가즈코(가명, 72세) 씨의 남편은 파킨슨병에 걸려 병상에 누워 지내고 있다. 개호보험으로 데이서비스 등을 이용 중이며 개호 등급은 가장 높은 5등급이다. 폐렴을 계기로 입원한 병원에서 의사가 복부에 구멍을 뚫어 영양을 공급하는 위루술을 권유했다. 영양 상태를 개선하고 체력을 회복시키기 위함이라고 했다.

"남편 간병으로 20년 가까이 고생해 왔기에 딸과 상의한 끝에 위루는 하지 않기로 했어요. 위루로 병이 낫는 것도 아니고요. 그래도 의사가 몇 번이고 권하면 솔직히 고민됩니다." 마치다 씨는 이렇게 말하며 괴로운 표정을 지었다.

뇌혈관질환이나 치매 때문에 음식을 먹지 못하게 된 경우 위루를 설치하는 사례가 최근 들어 늘고 있다. 대부분 요양보호가 필요한 고령자들이다. 먹고 마시기가 힘들어지면 음식물이 기관氣管으로 잘못 들어가는 오연성 폐렴을 일으킬 수 있다. 그 대책으로 위루를 이용하는 것이다.

이전에는 코를 통한 튜브로 영양을 공급하는 경관영양이 일반적이었지만 내시경을 사용한 간편한 시술이 보급되면서 위루형성수술 건수가 급증했다. 2002년에는 1개월에 약 4,500건이었는데 2007년에는 1개월에 약 8,800건으로 5년 사이에 두 배가 되었다(후생노동성의 사회의료진료 행위별 조사 결과). 의료비 삭감을 위해 국가적으로 급성기 병원에서 입원 기간 단축화를 꾀한 탓도 있다.

그런데 위루수술을 받은 이후에는 입소할 간호시설을 찾기 힘든 것이 현실이다. 중증환자 대상의 특별요양 노인홈에서도 "신규 위루 환자는 받을 수 없다."라며 거절하는 경우가 많다. 위루는 의료 행위를 동반하는데 야간 시간대에 간호사가 부재한 시설에서는 대응이 어렵기 때문이다. 그 밖에 기댈 만한 곳인 '개호 요양 병상'도 2012년 이후 자민당·공명당 연립정권 시대에 폐지하는 것으로 방향성이 잡힌 후 병상 수가 감소하여 좁은 문이 되었다. 요양보호 제공형 유료 노인홈은 비교적 입소하기가 쉽지만 고액의 일시금 및 월 이용료가 든다. 어쩔 수 없이 집에서 요양해야 하는 사례도 생긴다.

이런 가운데 수년 전부터 아이치 현이나 기후 현 등에 '위루 아파트'가 등장했다. 위루 환자 전용 임대주택이다. 그중 한 곳을 방문했는데 말이 아파트이지 실제로는 병원 분위기였다. 문이 개방되어 있는 병실 안에는 환자가 입을 반쯤 벌린 상태로 침대에 누워 있었다. 의사소통은 어려웠고 멍하니 천정만 바라보는 허허로운 표정이 충격적이었다.

아파트를 안내해 준 담당자는 이렇게 설명했다. "식사 제공은 없습니다. 상태가 악화되어도 연명의료는 원칙상 하지 않습니다. 구급차를 부르고 싶으면 가정에서 하게 되어 있습니다."

이곳에서의 방문요양이나 방문간호 등은 계열 사업자가 맡고 의사의 방문진료도 계열 클리닉과 계약하는 것이 입소 조건이다. 월 이용료는 가장 높은 요개호 5등급이 약 14만 엔으로 유료 노인홈 등에 비하면 저렴하다. 입소에 필요한 비용은 10만 엔의 사례금과 약 10만 엔의 보증금이 전부. 요양 및 의료 서비스 업체를 끼고 있어 병원 침대를 운영하는 것보다 더 많은 수입을 얻을 수 있기 때문이다.

그러나 기저귀 교환이나 목욕 서비스 등을 제공할 뿐 환자는 종일 잠만 자도록 방치되어 있다. 휠체어에 옮겨 타거나 외출을 시켜주는 일은 없다. 게다가 병원에 입원하게 되면 이 곳에서 나가야 하고 건물 내에서 발생하는 사고에 책임을 묻지 않는다는 취지의 승낙서에 사인 해야 한다. 가족이 돌볼 수 없는 상황이라는 약점을 이용한 악질 비즈니스가 아닐 수 없다.

어느 특별요양 노인홈의 시설장은 위루의 필요성에 대해 이렇게 의문을 던진다. "환자가 먹고 마시기 곤란해지면 의사는 폐렴 예방을 위해 위루수술을 시행하자고 쉽게 말합니다. 하지만 결국 폐렴으로 사망하는 예가 많지요. 먹는 즐거움을 빼앗긴 고령자는 생활의 질이 현저히 떨어집니다. 위루가 정말로 필요한지 검토해 봐야 합니다."

이를 뒷받침하는 데이터도 있다. 도쿄대학병원 노인과 조교수인 고사카 요이치 의사가 위루 등 경관영양을 받으며 누워 지내는 치매 노인 163명의 예후를 조사한 결과, 경관 도입 전에 6개월 이상 누워 있었던 경우 예후가 나빴으며 1년 이내에 90 퍼센트 이상이 사망했다. 주로 폐렴을 비롯한 감염증으로 사망한 비율이 약 80퍼센트에 달했다. 영양제가 식도로 역류함에 따른 오연성 폐렴 등이 계기이다. 구강 내 세균이 폐로 들어가서 발생하는 감염도 있다.

고사카 의사는 이렇게 설명한다. "폐렴이 반복되어 고통받는 사례도 많다. 환자의 고통을 없애기 위해서라도 자연적 경과에 맡기거나 위루 중단을 검토할 필요가 있다."

한편 위루수술을 받고 수년 이상 연명한 사례도 있다. 도쿄 도 내에 있는 특별요양 노인홈의 시설장은 말한다. "평균적으로 남은 수명은 3년 정도. 더 오래 산 사람도 있습니다." 언제부터가 종말기인지 판단하기 어렵다고 말하는 의사도 있다. 실제로 위루술을 일시적으로 받아 영양실조가 개선된 후 다시 입으로 먹을 수 있게 된 사람이 있다. 그러려면 초기에 타액 분비를 촉진하는 체조나 정기적인 구강케어를 실시하는 등 위루수술 후의 간호 방법에도 신경을 써야 한다.

현 상황에서는 입으로 먹을 수 없게 되었을 때 의사가 가족에게 받는 사전동의 문제도 있다. 위루를 거부할 경우, 의사가 "굶어죽어도 괜찮습니까?" 하며 몰아세워 가족이 어쩔 수 없이 받아들이는 예가 적지 않다.

어떤 가족은 요양보호 제공형 유료 노인홈에서 생활 중인 모친이 폐렴으로 입원했을 때 의사로부터 '위루를 할지, 점적주사(영양분이 든 약물을 높은 곳에 매달아 놓고 한 방울씩 떨어뜨려 정맥으로 흘러들도록 하는 주사—옮긴이)를 할지' 선택하라는 강요를 받았다. 점적주사는 시설에서 관리받을 수 없지만 위루는 수용이 가능하다고 해서 선택했다지만 이런 상황에서는 위루를 거부하기가 어렵다. 병상의 전망 등을 설명한 뒤 환자와 가족이 선택하도록 해야 한다. 환자 측도 퇴원 후 갈 곳의 상황을 고려하여 의사에게 설명을 요구할 필요가 있다.

연명의료에 대해서는 가족 간에도 의견이 쉽게 갈라진다. 본인의 생각을 존중하고 싶어도 확인할 수 없으니 가족들이 망설일 만하다. 그런 상황을 피하려면 아직 건강할 때에 가족들과 의견을 나누는 기회를 만들고 서면으로 남겨두는 것도 중요하다. 그것이 나중에 가족들이 판단할 근거가 된다. 마지막 거처 선택을 통해 어떻게 늙고 어떻게 최후를 마감할지 생각해 보는 기회로 삼으면 좋지 않을까.

7

최대한 집에서 버텨라

노인시설의 맹점

일시금 1,000만 엔 이하,

월 이용료 20만 엔 이하 노인시설의 실태.

현장에서 전문 요양보호사가 말하는 충고!

마쓰다 고지(松田浩治)

개호복지사.

노후 간병에 대한 불안을 반영한 탓일까? 작년 유료 노인 홈 순위를 특집으로 다룬 잡지의 판매부수가 매우 높았다고 한다. 30년 넘게 현장에서 일해 온 내가 볼 때 이런 순위 조사는 먼저 말한 사람이 장땡이라고밖에 생각되지 않는다. 잡지사에서 보내온 설문에 정직하게 답하는 시설도 있지만 개중에는 '야간 간호 체제'나 '직원 비율' 등 중대한 사실에 대해 실태와 동떨어진 거짓말을 아무렇지 않게 답하는 양심 없는 시설도 있다.

직원 비율이란 쉽게 말해 요양보호 직원을 얼마나 고용하고 있나 하는 지표이다. 법률상 최저 기준은 요양이 필요한 대상 3명당 요양보호 직원 1명이지만 당연히 직원이 많으면 많을수록 서비스는 충실하다. 급히 화장실에 가고 싶은 생리적 욕구를 비롯해서 살 물건이 있다는 느닷없는 요구에도 대응하기 쉽다. 요양보호를 받는 입장에서는 가장 중요한 지표이므로 반드시 정확한 근거를 조사해야 하지만 잡지사에서 거기까지 조사하는 것은 불가능에 가깝고 분명 그럴 마음도 없을 것이다. 반송되어 온 설문지 답변을 그대로 실을 뿐이다. 이런 데이터는 결코 그대로 믿어서는 안 된다.

시설에서 최후를 맞는 경우는 드물다

이런 노인시설 특집에는 반드시 "최종적으로는 자신이 직접 확인하도록"이라는 단서가 붙는다. 기사를 자기 눈으로 다시 확인해야 한다면 그런 잡지를 사 볼 가치가 있을까? 사실상 복지 세계는 외부에서 보는 것만으로 판단하기가 어렵다. 가령 며칠 숙박 체험을 한다고 해도 초심자가 알 수 있는 범위는 한정되어 있다. 사람들은 대부분 복지라고 하면 '나쁘게 할 리는 없을 테니 그냥 맡겨두면 된다'고 생각한다. 하지만 앞서 말한 설문처럼 선량한 이미지 뒤에서 고객에게 태연히 거짓말을 일삼는 직원들도 있는 것이다.

예를 들어 "우리 시설은 임종할 때까지 계실 수 있습니다." 하고 노인시설에서 말했다고 치자. 많은 입소 희망자가 병원이 아닌 노인시설에서 마지막을 맞고 싶어 하기 때문에 시설에서도 그 점을 강조하려 한다. 하지만 이건 어디까지나 영업용 멘트이다. 실제로 노인시설에서 최후를 맞는 경우는 매우 드물다. 내가 근무하고 있는 시설에서는 임종 케어를 적극적으로 시행하고 있는데도 최대 20퍼센트 정도가 한계이다. 한밤중에 갑자기 심폐 정지로 사망하는 경우를 제외하면 지금도 병원에서 사망하는 비율이 압도적으로 높기 때문이다. 사망 원인의 30퍼센트에 해당한다는 뇌혈관 장애나 심장질환이 시설에서 일어나면 바로 병원으로 이송된다. 폐렴 등으로 혼자 식사할 수 없게 되었을 때도 우선 병원행이다. 이처럼 두드러진 증상이 없는데 병원에 보내지는 경우도 있다.

종말기 케어는 대단히 어렵다. 이때는 반드시 점적주사나 통증완화 등의 의료행위가 수반된다. 자택이라면 가족이 가래를 흡인할 수도 있겠지만 시설이라면 그조차 쉽지 않은 것이 현실이다. 간호사가 있으면 점적주사 정도는 가능하지 않을까 싶겠지만 간호사는 의사가 현장에 없으면 점적을 시행할 수 없다. 사실 평상시에 연명치료는 하지 않겠다고 선언하던 가족도 막상 환자가 숨이 끊어질 때가 되면 "점적주사 정도는 해주세요." 하고 마음을 바꾸는 경우가 있다. 점적주사를 시행하면 그야말로 법률 위반이므로 시설에서는 당연히 거절한다. 상황에 따라서는 '임종까지 케어 한다고 말했다' '안 했다'의 싸움이 될 뿐이다. 분쟁을 꺼리는 시설 측에서는 이런 상황을 사전에 피하고 싶어 한다. 그러니 충분히 임종을 지킬 수 있는 상태여도 병원에 보내려고 한다. 임종기 환자가 병원에서 사망하기를 바라는 것이 시설 측의 본심이다.

한편 병원에 입원하면 이번에는 또 다른 골칫거리가 이용자와 가족을 덮친다. 입원 기간이 1개월 이상으로 길어지면 시설 측에서 퇴소를 강요한다는 점이다. 이런 일은 특별요양 노인홈에서도 요양보호 제공형 유료 노인홈에서도 마찬가지로 일어날 수 있다. 청천벽력 같은 퇴소 요청에 대부분의 이용자 가족은 공황상태에 빠진다. 입원 중인 사람에게 퇴소 이야기를 하다니 너무한다고 생각할 수 있지만 사실 그 배경에는 다음과 같은 이유가 있다.

현재 개호보험법에서는 입소자가 병원에 입원하면 국가에서 시설에 지원하는 개호 보수가 끊긴다. 그대로 방을 비워 둔 채 퇴원만 기다리다가는 그만큼 시설 수입이 줄어들기 때문에 차라리 다음 입소자를 받을 수 있게 서둘러 나가 주기를 바라는 것이다. 물론 입소할 때는 이런 설명이 전혀 없으며 공식적으로도 절대 인정하지 않는다. 시설 측에서는 어디까지나 이용자가 제일 중요하다고 공언하지만 실태는 이렇다.

참고로 이렇게 '퇴소 요청'을 받았을 때 대처하는 방법은 간단하다. "절대 안 나간다. 계속 나가라고 하면 행정기관 복지과에 호소하겠다."라고 하면 된다. 지역 행정기관은 시설

에 대한 인허가 등 생살여탈권을 쥐고 있기에 시설에서는 행
정기관에 찍히는 것만큼 두려운 일은 없다. 물론 질병에 걸린
이용자의 상태가 악화되어 의료행위가 필요해지거나 하면 시
설에서 생활하기가 어려울 수도 있을 것이다. 그렇지만 개호
보험법상 이용자의 의사에 거슬러 퇴소를 강요할 수는 없다.

가족에게 평생 폐 끼치지 않고
살 수 있을까?

시설에 입소하는 사람 중에는 가족에게 폐 끼치고 싶지 않
다고 말하는 사람이 많다. 하지만 정말로 시설에 들어가기만
하면 가족에게 폐를 끼치지 않는 것일까? 냉정하게 들리겠지
만 요양보호가 필요한 상태가 되면 가족에 폐를 끼치지 않기
란 불가능하다. 어느 시설이든지 반드시 신원보증인으로서
가족의 개입을 요구하며 통원·입원에도 가족의 도움이나 동
의가 필요하다. 옷가지를 구입해 주거나 면회를 통해 입소자
의 건강을 북돋아 주는 등 가족의 역할은 매우 크다.

특히 치매가 악화되어 배회나 폭력, 수집벽(남의 방에 들어
가 물건을 가져옴), 피해망상 등의 문제 행동을 일으켰다고 해
보자. 병원 진료를 결정하거나 입소자를 설득하는 일 등에서

아무래도 가족이 관여하지 않을 수 없다. 입소할 때는 가족에게 폐 끼치지 않겠다고 큰소리쳤지만 인간사 뜻대로 되지 않는 법, 입소 후 "가족에게 전화를 걸어 달라.""가족을 불러달라.""집에 가고 싶다."라며 단박에 말을 뒤집는 이용자가 실제로 많다. 가족관계가 나빠서 노인시설에 입소한 경우도 마찬가지다.

예전에 재산을 탕진하는 등 제멋대로 행동하여 가족들을 괴롭힌 끝에 요양보호가 필요한 상태가 되어 입소한 사람이 있었다. 가족들은 그의 전화 연락조차 거부했다. 가족에게 버림받은 노인은 가련하다. 그러니 평소부터 폐를 끼쳐도 되는 좋은 관계를 만들어두는 것이 좋다.

노인시설이 감옥 같다는 사람도 있다

노인시설에 입소하면 남이 모든 시중을 들어주니 식사 준비나 집안일을 하지 않아도 된다. 자유롭게 내 맘대로 생활할 수 있다고 생각하는 사람이 적지 않다. 하지만 너무나도 안이한 생각이다. 실제 있었던 예를 들어보자.

80세 나카오 치에코(가명) 씨는 넘어져서 오른쪽 고관절을 수술했기 때문에 보행이 조금 불편하지만 혼자서 잘 생활하고 있었다. 그런데 어느 날 자식들이 이렇게 권유했다. "혼자 계시다가는 앞날이 불안하니 아직 건강할 때 노인시설에 들어가시는 게 어떠세요?" 생각지도 못한 자식들의 제안에 놀랐지만 결국 입소하기로 했다.

처음에 치에코 씨는 시설의 극진한 서비스에 감동했다. 하지만 입소 후 한 달이 지나자 불만이 생기기 시작했다. 비슷한 처지에 있는 또래 친구들이 생길 거라고 들었지만, 반수 이상은 치매 등의 병이 있어 제대로 대화도 할 수 없는 사람들이었다. 그래도 이 정도는 노인시설이니 어쩔 수 없다고 생각했다. 도저히 참을 수 없는 괴로움이 있었으니 매일매일이 너무 지겹다는 것이었다. 간호사들이 권해 주는 고리 던지기나 동요 부르기 따위의 레크리에이션도 치에코 씨에게는 아이들 놀이로밖에 보이지 않았다.

치에코 씨는 차고 넘치는 무료함을 방 청소로 달래려 했다. 그런데 청소를 시작하자마자 직원이 정색을 하며 달려왔다. "위험하지 않습니까. 그만두세요! 넘어져서 뼈라도 부러지면 곤란합니다." 치에코 씨는 오른쪽 고관절에 인공뼈를 넣었기 때문에 균형을 잘 잡지 못해 넘어질 위험이 있었다. '나는 대체 여기에 뭐하러 온 거지? 아무것도 못하게 하잖아!' 여기 와서 치에코 씨는 노인시설 생활이 감옥과 다를 바 없음을 깨달았다.

이 사건 이후 치에코 씨는 용무가 없으면 방에서 나오지 않게 되었다. 식사량이 줄고 목욕도 하지 않게 되었다. "살아서 뭐하나."라며 중얼거리기 시작했다. 사태를 심각하게 여긴 시설에서 정신과 진료를 받게 한 결과 중증 우울증이라는 진단이 내려졌다. 이후 치에코 씨의 운명은 독자의 상상에 맡기겠다.

치에코 씨는 장래의 안심을 위해 시설에 들어갔다. 하지만 그 결과 인생에서 자신의 존재 가치(삶의 보람)를 잃어버리고 말았다. 심리학에서는 삶의 보람을 사회적 역할이라 한다. 대부분의 사람에게 사회적 역할은 직업이지만 그중에는 집안일 하는 것이 사회적 역할인 사람도 있다. 그렇기 때문에 청소를 금지당한 치에코 씨에게 시설 생활은 문자 그대로 '죽은 것과 같은' 삶이었던 셈이다. 아무것도 안 해도 되는 자유는 살아갈 의미를 잃는 것이기도 하다. 노인시설에 입소하기 전에 여기까지 생각하는 사람이 과연 얼마나 있을까?

이용자를 틀에 가두는 노인시설을 조심해야 한다

복지 관계자 중에는 매우 독선적인 가치관을 가진 사람이 적지 않다. 실제 사례로, 눈이 보이지 않는 남성이 우리 시설에 입소했을 때의 일이다. 그는 수염을 기르고 있었다. 노인 시설에서는 일률적으로 남성의 수염을 깎기 때문에 이 남성도 당연히 수염을 깎이게 되었다. 그런데 전기면도기를 턱에 대자 이 남성이 "무슨 짓이야? 그만둬!" 하고 난동을 부렸다.

알고 보니 그는 피해망상 정신질환을 갖고 있었다. 상식적으로는 그의 저항이 비합리적으로 보일지 모른다. 하지만 눈이 보이지 않는 그에게 전기면도기는 예리한 칼날과도 같은 공포의 물체였다. 입소자의 인권을 존중한다면 수염 깎기를 중단했어야 한다. 하지만 평가와 체면을 중시하는 나의 상사는 그래도 직원들에게 수염을 깎으라고 지시했다. 발버둥 치며 싫어하는 남성을 두 사람이 꼼짝 못하게 붙잡고 수염을 깎는 광경은 아비규환 같았다. 도저히 복지시설이라고 할 수 없었다. 본인이 싫어하는데 왜 저렇게까지 해야 할까? 이때만큼 요양보호사인 것이 싫었던 적은 없다.

이 남성처럼 특별한 사정이 없어도 복지 관계자는 이용자를 일정한 틀에 가두려고 한다. 가령 밥 먹는 양은 사람에 따라 다른데도 주어진 음식을 전부 다 먹게 한다. 입소자의 개성 따위는 노인시설에서 존중해 주지 않는다고 생각하는 편이 낫다.

어떤가. 이것이 일시금 1,000만 엔 이하, 월 이용료 20만 엔 이하 노인시설의 평균적인 모습이다. 물론 요금이 비슷한 시설 중에도 뜻을 가지고 열심히 운영하는 곳이 있겠지만 근본적인 문제는 어디나 비슷하다. 오랜 세월 현장을 보아온 나로서는 괜히 서둘러서 불편하기 짝이 없는 시설에 들어가기보다 최대한 집에서 오래 버텨볼 것을 권하고 싶다. 집에 있어도 가족들에게 방치되거나 학대당하는 경우, 또는 3,000만 엔 이상의 입소 일시금을 지불할 만큼 유복한 경우가 아니라면 노인시설에 들어갈 메리트가 없다고 생각한다.

8

병원에서 생을
마감하고 싶은가?
집에서 평온하게 마무리하는 법

100명 중 80명이 병원에서 최후를 맞이하는 고령사회. 하지만 집에서도 임종할 수 있는 환경이 마련되어 가고 있다. 혼자 사는 사람도 예외는 아니다.

오쿠노 슈지(奥野修司)

1948년생. 저널리스트, 논픽션 작가. 2006년 『나츠코 오키나와 밀무역의 여왕』으로 오오야소이치 논픽션 상과 고단샤 논픽션 상을 동시에 수상했다. 국내에 번역된 책으로 『내 아들이 죽었습니다』, 『학교를 찾습니다』가 있다.

지금 내 손에는 특이한 사진이 한 장 들려 있다. 옅게 화장한 시신 뒤로 가족으로 보이는 자녀와 손자들, 또 의사와 간호사가 손가락으로 브이 자 표시를 하고 있는 사진이다. 아마 임종 직후에 찍은 사진인 듯하다.

돌아가신 분은 기후 현의 유키코 씨(62세). 작년 10월 결장암으로 대학병원에 입원했는데 간으로 이미 전이되어 있었고 심신이 아주 쇠약해져 곧 물도 마시지 못하는 상태가 되었다. 집에 돌아가고 싶어 했지만 자녀들이 모두 일을 하고 있어 낮에는 혼자 있어야 하는 상황이었다. 자녀들은 어머니 마음을 너무 잘 알았지만 혼자 계실 때 병세가 급변할지도 모른다고 생각하면 불안했다. 그러던 차에 기후 시내에서 재택진료를 하고 있는 오가사와라 내과를 알게 되었다. 원장인 오가사와라 분유 씨는 "혼자 계셔도 웃으면서 임종을 맞을 수 있습니다.” 하고 말했고, 자녀들은 마침내 어머니를 퇴원시킬 결심을 할 수 있었다.

간이침대에 실려 개호택시(개호보험으로 이용할 수 있는 차량. 환자 침대 등을 실을 수 있는 운송 수단임—옮긴이)를 타고 퇴원할 때만 해도 유키코 씨는 마지막 숨을 내쉬며 말도 제대로 하지 못했다. 그런데 낯익은 마을 풍경이 보이기 시작하자 눈에 띄게 표정이 바뀌며 길을 잘 모르는 운전사에게 이런저런 지시를 내리기 시작했다.

집에서 기다리던 자녀들은 어머니를 택시에서 현관까지 어떻게 들어 옮길지 상의하고 있었다. 그런데 차가 집 앞에 도착하자 어머니는 자기 발로 걷기 시작해 ‘영차, 영차’ 소리까지 내며 계단을 올라왔다. 현관에 들어서자마자 어머니는 웃으며 말했다. “아, 너무 좋다. 꽃을 잔뜩 심어서 키우고 싶구나.”

다음 날, 귀여워하던 손자가 수학여행에서 돌아왔다. 손자가 “할머니!” 하며 가방을 팽개치고 달려오자 유키코 씨는 온 힘을 다해 일어나 손자에게 볼을 비볐다. 아이들과 있을 때 유키코 씨는 한껏 들뜬 모습이었다.

그 다음 날, 바라던 것이 모두 이루어져 안도했던지 유키코 씨는 잠자듯 숨을 거두었다. 입을 조금 벌린 모습이 마치 웃고 있는 듯한 표정이었다고 한다. 유키코 씨에게는 초등학생부터 고등학생까지 손자가 네 명 있었는데 이 손자들이 간호사들과 함께 사후처리를 했다고 한다. 22년 동안 재택진료를 해온 오가사와라 씨도 그 행동력에 놀랐다. 그다음 기념 촬영을 했는데 웃는 얼굴로 브이를 그리는 모습을 보고 주위에 모인 사람들은 아연실색했다고 한다.

"어머니가 돌아가신 것은 슬프지만 집에서 기쁘게 임종하셨다는 게 대단하지 않나요? 바라시던 대로 어머니를 집에서 돌볼 수 있어서 다행이었다는 마음이 브이로 표현된 것 같아요."

이렇게 말하는 맏딸에게서 무사히 어머니를 보내드린 성취감 같은 것이 느껴졌다.

재택요양에 대한 잘못된 선입관

집에 돌아온 환자의 얼굴이 온화해진 까닭은 무엇일까? "병원은 스트레스 공간이기 때문입니다." 오가사와라 씨가 그 이유를 말했다. "의사도 간호사도 바빠서 여유롭게 대화할 수 없기 때문에 서로 마음이 통하지 않습니다. 스트레스가 쌓이니까 상처도 낫지 않지요. 치료해서 낫는다면 그래도 참고 견딜 수 있지만 낫지 않는다는 말을 들으면 병원은 지옥입니다. 집에 돌아온 사람이 온화해지는 이유는 스트레스가 사라지기 때문입니다."

남은 시간이 정해져 있다면 집에서 최후를 맞고 싶다는 일본인이 약 80퍼센트라고 한다. 그러나 '재택요양(국내에서는 재가요양이라고도 함—옮긴이)'이 실현 가능하다고 생각하는 사람은 20퍼센트에 불과하다. 가족이 부담을 느끼거나 병세가 급변했을 때 불안할 거라 생각하기 때문이다.

2006년 일본에서는 국가적으로 재택진료를 추진하기 위해 의료법을 개정하여 재택요양 지원 진료소°를 신설했다. 현재 전국적으로 1만 2,000곳 이상이 등록되어 있다. 의료비 삭감이 목적이라고는 해도 국가적으로 재택진료의가 인정받은 셈이니 집에서 임종을 맞기가 쉬워진 것이다. 그러나 2007년 인구동태 조사에 따르면 집에서 사망한 사람의 비율은 전체 사망 원인을 통틀어 평균 12.3퍼센트, 암에 한정하면 불과 6.7퍼센트이다. 집에서 사망하는 재택사在宅死가 왜 늘지 않는 것일까?

그 배경에는 의사에 관한 문제와 재택요양에 대한 잘못된 선입관이 있다. 재택호스피스협회 가와고에 히로미 회장에 따르면 이렇다. "재택 완화치료를 제대로 할 줄 몰라서, 직접

● 진료소 : 일본 의료기관은 환자 20명 이상이 입원할 시설을 갖춘 병원과 그렇지 못한 진료소로 나뉜다. 진료소 중에는 병상 19개 이하의 유상 진료소와 병상이 없는 무상 진료소가 있다.

치료할 수 없게 되면 병원에 보내버리는 의사가 많습니다." 즉 의사의 기술 문제라는 말이다. 또 하나, 재택요양에 관한 잘못된 선입관에는 크게 다음과 같은 것이 있다.

- ■ 재택진료의는 의료 기술이 낮기 때문에 집에서 말기 암의 고통을 완화할 수 없다.
- ■ 병세가 급변하면 집에서 대처할 수 없을 것 같아 불안하다.
- ■ 혼자 사는 사람은 재택요양이 불가능하다.

그중에서도 첫 번째가 가장 뿌리 깊다. 병원은 병을 고치는 장소이지만 집은 죽음을 피할 수 없는 사람이 마지막까지 희망을 가지고 생활할 수 있도록 도와주는 장소이다. 양자를 구분하지 않기 때문에 첫 번째 같은 병원 신화가 생기는 것이다. 현실을 알면 '재택'이 갖는 힘이 병원보다 훨씬 뛰어나다는 사실을 알 수 있다. 우리의 시각을 조금만 바꾸면 누구나 재택요양을 받아들일 수 있다는 말이다.

사람이 이렇듯 평온하게
떠날 수 있을까?

오가사와라 씨는 '마지막까지 걱정 없이 건강하게 산다'를 모토로 "집에서 죽어가는 사람은 평온하고 여유로워야 한다."라고 선언한다. 그래도 개업할 당시에 왕진 같은 것은 전혀 할 생각이 없었다.

오가사와라 씨는 아이치 현 이치노미야 시립 시민병원의 내과 수석의사였다. 과로와 스트레스로 망막박리까지 생기자 퇴직하고 1989년 기후 시내에 이 병원을 열었다. 일은 슬슬하면 된다고 생각하고 진료는 월수금만, 왕진은 반경 1킬로미터 이내에 한해 어쩔 수 없을 때만 받았다. 그러던 어느 날, 암으로 재택치료 중이던 환자의 임종을 지키다가 '사람이 이렇게 평온하게 죽을 수도 있는 건가' 하고 충격을 받았다고 한다. 이때부터 재택의료가 좋을지도 모른다는 그의 생각은 점점 확신으로 변해 갔다.

어느 날 나는 오가사와라 씨의 방문진료에 동행하게 되었다. 아직 새 건물 냄새가 나는 집에 방문하니 전혀 환자처럼 보이지 않는 한 여성이 상냥하게 맞아주었다.

"오늘은 상태가 좋네요."

40세의 유방암 환자인데 작년 8월 검사에서 암이 뼈로 전이된 것이 발견되어 남은 시간이 몇 개월이라고 한다. 입원 중에는 아프고 괴롭고 불안해서 밤에도 잠을 잘 수 없었다고 한다. 몇 번이고 집에 돌아가고 싶었지만 남편이 일을 하고 낮 동안 혼자 있을 생각을 하면 그 말을 할 수가 없었다. 그러던 중 병원에서 더 이상 연명의료의 방법이 없다며, 오가사와라 내과를 소개해 주고 퇴원을 권유했다. 아내 대신 남편이 오가사와라 씨를 방문했다. 애초에 재택요양 따위는 말도 안 된다고 생각하던 남편인지라 "남편 분이 안 계셔도 괜찮습니다. 우리는 혼자 계신 분도 간호가 가능하니 안심하세요."라는 말을 듣고 오히려 농담하지 말라며 화를 냈다고 한다. 그래도 일단 시험 외박을 해보기로 하고 집으로 갔다.

3일간 외박하고 병원에 돌아오자 그녀를 본 병동의 간호사가 마치 기적을 본 것처럼 깜짝 놀랐다. 항상 불안한 표정을 짓고 있던 환자가 차분하게 웃는 얼굴로 대화할 뿐 아니라 통증도 없어지고 먹는 약도 줄어든 것이다. 그녀는 이렇게 말했다. "집에 돌아오자 선생님은 내 손을 꼭 잡고 '걱정 따위는 할 필요 없어요. 중요한 건 잘 웃고 잘 자는 겁니다' 하고 다정하게 말해 주셨어요."

오가사와라 씨는 말한다. "통증을 없애는 일이 우리의 사명이니까 오피오이드(마약성 진통제—옮긴이) 중심의 완화제로 통증을 없애고 간호사는 푸드테라피나 핸드테라피(손발 마사지)를, 나는 그녀의 손을 잡고 기운을 불어 넣었습니다. 통증이 없으면 웃을 수 있어요. 웃으면 모르핀 양도 줄일 수 있습니다."

'재택 완화치료'라고 할 때 '완화'는 고통과 괴로움을 없앤다는 말인데, 환자가 웃을 수 있을지 아닐지는 치료의 질에 달려 있다고 오가사와라 씨는 말한다. "사람과 사람의 교제로 따뜻한 감정이 생겨나고 살아갈 희망이 솟아나는 것이 진정한 치료입니다. 그러려면 간호하는 사람이 먼저 스스로 치유받아야 합니다. 피곤한 얼굴로는 안 되지요. 그래서 병원에서는 치료가 될 수 없는 겁니다."

결국 이 환자는 병원을 나와 재택요양으로 전환했다. 퇴원 당시 1분당 4리터의 산소 호흡을 하고 있었는데 지금은 그것도 그만두었다. "재택요양은 무리라고 생각했는데 역시 가족과 함께 있으니 행복하네요." 그녀는 웃으며 말한다.

오가사와라 씨는 혼자 사는 환자의 재택 완화진료도 담당하고 있다. 현재 방문진료를 하고 있는 환자는 약 160명, 이 중 혼자 사는 이가 23명이나 된다. "한밤중에 연락이 오고 깨워대면 잠이 부족해서 힘들지 않으세요?"라고 내가 묻자 오가사와라 씨는 웃으며 말했다. "한밤중에 전화가 오지 않도록 용태를 예측하는 것이 재택진료 의사가 할 일이죠. 그렇게 하지 않으면 감당해 낼 수 없어요. 저희는 한 달에 열 번 정도 출동하지만 간호사 여섯 명이 교대로 대기하고 있어서 그렇게 힘들지 않아요." 환자의 용태를 예측하지 못하는 실력 없는 의사는 재택진료를 감당할 수 없다는 말이다.

병원과 내 집의 중간, 입원 가능한 진료소

가고시마 주오 역 동쪽에 사이고 다카모리가 한때 집을 짓고 살았던 곳으로 알려진 교켄 공원이 있다. 그 옆에 무심코 눈길을 잡아끄는 포스트모더니즘 풍의 5층 건물이 있다. '도조노 메디컬 하우스堂園メデカルハウス'이다. 이곳은 대기실부터 이색적이었다. 넉넉한 소파에 곡선형 구조와 간접 조명, 마치 호텔 로비 같다. 원장인 도조노 하루히코 씨는 이렇게 말한다. "기다리는 시간도 치료 시간으로 생각해 느긋하게 책을 읽는 등 유유자적하게 쉴 수 있는 장소로 만들고 싶었습니다." 2층에는 레스토랑 및 '손자에게 마지막 선물을 할 수 있는' 선물가게, 온천 같은 가족탕도 있다. 여기는 원한다면 입원도 가능하도록 침상이 갖춰진 진료소, 즉 유상有床 진료소이다.

1991년에 도조노 씨는 대학병원을 그만두고 부친의 진료소를 이어받았다. 이때 국립암센터에서 근무한 경험을 가지고 당시 가고시마에서는 드물었던 말기의료(노화와 질병 등으로 예상되는 여생이 3개월 정도인 환자의 의료 및 간호—옮긴이) 분야에 외래와 왕진으로 뛰어들었다. 언젠가 환자 가족으로부터 "여차할 때 입원할 수 있으면 안심이 될 것 같으니 그런 시설을 만들어 주세요."라는 말을 듣고 전국에서 처음으로 호스피스 케어를 중심으로 한 19개 병상의 유상 진료소를 세운 것이다.

그중에는 일본식 방으로 꾸며진 병실도 있다. 다다미가 깔린 방 옆으로 툇마루가 있고 창문에는 창호지가 발라져 있어서, 접이식 찻상에 앉아 차를 마시고 있으면 마치 온천여관에라도 온 기분이다. 병실이라기보다 내 집 같은 분위기다.

"사정상 재택요양이 무리라면 집 분위기가 나는 병실을 만들자고 생각했습니다. 병원에서는 밤에 혼자 있어야 하지만 여기서는 가족도 머물다 갈 수 있습니다. 집에서 상태가 나빠지면 입원하면 되고 재택에서 입원까지 저와 같은 의료진이 진찰하기 때문에 환자가 안심할 수 있습니다."

집에는 물리적 공간으로서의 house와 가족을 의미하는 home이 있는데 '재택'은 그중 후자를 충족하는 것이므로 가족이 함께 있다면 꼭 자기 집이 아니어도 된다는 의미일 것이다. 도조노 씨는 왕진할 때 차에 진료소 이름을 붙이지 않고 복장도 평상복 차림으로 눈에 띄지 않게 방문한다. 이 지역에서는 자신이 암에 걸렸다고 주변에 알리고 싶어 하지 않는 사람이 약 80퍼센트나 되기 때문이다. 보통은 이런 심리가 재택 진료를 어렵게 만들고 있는지도 모른다.

도조노 메디컬 하우스의 입원 신청서에는 '밝고 즐거운 입원 생활을 할 수 있도록'이라고 쓰여 있는데 실제로 입원하는 사람들은 대부분 말기 암 환자라고 하기에는 참으로 밝고 훈훈했다. 작년 12월 입원한 노부코 씨(73세)도 그렇다. 폐암이 뇌로 전이되어 남은 시간이 2, 3개월이라는데 어머니를 돌보려고 집에 돌아왔다는 딸이 말한다.

"시골에서는 말기 암이라는 사실만으로 입에 오르내리기 때문에 집에 있기가 힘들어요. 그렇다고 병원에 가자니 관리 당하는 게 싫고, 그래서 여기 입원하셨습니다. 작년 1월에는 손자 성인식이 있어서 그때까지 살아주셨으면 하고 바랐는데 벌써 1년이 더 지났네요. 지금 부모님과 저 셋이서 병실에서 생활하고 있는데 어머니는 여기 오고부터 소녀처럼 눈이 반짝반짝하셔요. 여기서는 주변에 피해를 주지 않는 한 무엇이든 해도 되거든요. 심지어 술도 마실 수 있어요. 요 1년 동안 어머니는 꽃구경도, 온천여행도, 좋아하는 가수 히카와 기요시 콘서트도 다녀오셨어요. 매일 온천탕에 들어가고, 배변 도움도 받고, 무뚝뚝하던 아버지도 다정해지시니 엄마에게는 천국이지요."

노부코 씨는 자신의 장례식을 가족과 상의하여 이미 결정했다고 한다. 그때를 위한 음악과 사진도 준비했다. 3층에서 아로마테라피를 받고 있던 노부코 씨가 병실에 돌아오기를 기다려 만나 뵈었는데, 말기 암 환자라고는 생각할 수 없을 만큼 피부가 반짝반짝했다. 노부코 씨는 침대 위에서 황홀한 듯 눈을 감고 중얼거렸다.

"지금이 제일 행복해."

노부코 씨가 웃을 수 있는 이유는 통증이 없기 때문이다. 이곳에서는 일단 통증을 호소하는 사람이 없다고 한다. 완화 치료 병동에서는 고통스러워하는 사람이 많은 이유가 무엇일까? 도조노 씨는 말한다. "완화치료 병동은 포괄수가제(어느 병원에 가더라도 사전에 책정된 동일 진료비를 내도록 하는 일종의 입원비 정찰제—옮긴이)이기 때문에 붙이는 약 같은 고가의 진통제는 쓰기 어렵습니다. 일본은 의료용 마약이 서구의 2~3배는 하니까요. 또 모르핀 등의 관리가 복잡하기 때문에 큰 병원에서는 미세한 조정을 하기가 어려워 투여가 늦어지기 쉽습니다. 치료를 전문으로 하는 의사들이 완화의료를 좀 더 공부해 주면 좋겠어요."

도조노 씨는 영화감독인 데라야마 슈지를 동경해 그가 몸담았던 덴조사지키 극단에 입단하기도 한 경력을 갖고 있다. 그 덕인지 때때로 독특한 발상으로 사람을 놀라게 한다. "유상 진료소는 채산이 맞습니까?" 하고 물으니 이렇게 답한다.

"저한테는 채산이라는 개념이 없습니다. 확실히 진료 보수가 적기 때문에 유상 진료소를 운영하려는 사람은 드물지만 가장 재미있는 것이 이 유상 진료소예요. 개업할 자금은 없지만 좋은 의료를 제공하고 싶은 의사를 위해 유상 진료소 체인점을 만들고 싶어요."

도조노 씨는 어린아이처럼 눈을 빛내고 있었다. 유상 진료소는 일본이 낳은 세계에 자랑할 만한 시스템이라고 한다. 그런 유상 진료소를 나라에서는 없애려 하고 있다. '초고령 다사多死사회'에 돌입한 지금이야말로 일본인의 감각에 맞는 유상 진료소를 더욱 활용해야 하지 않을까?

버튼 하나로
한밤중에도 안심

암은 종말기가 짧은 데 비해 심장질환이나 뇌혈관질환 등의 질병은 종말기가 길어지는 경우가 흔하다. 간병도 장기간 지속되면 가족이 지친다. 마지막까지 집에서 보내고 싶은 마음이 굴뚝같아도 가족들이 힘들까 봐 부득이하게 시설에 입소하는 고령자가 많다. 도쿄 세타가야 구에서는 이렇게 집에서 마지막을 보내고 싶어 하는 사람들을 행정적으로 지원하고 있다.

2006년부터 개호보험 서비스 목록에 '수시방문'이 추가되었다. 월 1,105엔의 기본요금을 지불하면 '케어콜'이라는 단말기가 지급되고 콜 버튼을 누르면 언제든지 요양센터 직원과 통화할 수 있다. 필요에 따라 도우미 파견을 요청할 수도 있다. 이른바 '재택형 간호사 콜'이다. 대단히 이용가치 높은 시스템이라고 생각하는데 현실에서는 거의 사용되지 못하고 있다. 그 이유는 이용 시간이 밤 10시부터 아침 7시까지로 제한되어 있기 때문이다.

그런데 세타가야 구에서는 이 제한을 없애고 재팬케어서비스에 위탁하여 '24시간 언제든지 케어'를 제공하며 이용 요금의 90퍼센트를 구에서 부담하기로 했다. 요금은 1회 방문당 281~862엔. 현재 이용자는 독거노인과 고령자 부부가 전체의 70퍼센트를 차지한다고 한다.

이용자에게 물어보니 이렇게 답했다. "무슨 일이 생기면 어떡하나 항상 불안했는데 부르면 언제든 달려와 주니까 심리적으로 매우 편해졌어요." 실제로 이 서비스를 이용하는 사람들은 안심할 수 있어서 좋다고 말한다. 방문요양센터에 따르면 낮에는 넘어지는 사고가 많고, 밤에는 배설 문제나 침대에서 미끄러지는 일이 많단다. 세타가야 구에는 "이 서비스가 없었다면 시설에 들어가는 수밖에 없었다." "이 서비스 덕분에 가족의 짐을 덜 수 있게 되었다."라는 주민들 평이 이어진다고 한다.

다만, 대기하고 있는 도우미가 2~4명이기 때문에 콜이 집중하는 시간대에는 1시간 이상 기다려야 하고 암 말기의 경우는 의료기관과 연결되어 있지 않아 대응이 어렵다는 문제도 있다. 아직 시행착오를 거치는 단계이지만 본격적으로 운영되면 최후까지 재택요양을 바라는 사람들의 기대에 부응할수 있을 것이다.

장기간의 재택 케어에는 지역의 협력이 불가피하다고 인정하지만, 시골이라면 몰라도 도시에서는 지역적 협력이 어렵다는 것이 세간의 상식이었다. 이런 상식을 뒤집은 사람이 도쿄 도요시마 구에서 15년 전부터 방문진료를 해온 사토 의원의 아미노 히로유키 의사이다. 그는 『재택사의 권유』라는 책의 저자이기도 하다. 아직 개호보험이 생기기 전 일이다. 어느 환자의 딸에게서 "부모님 간병하느라 성묘도 갈 수 없습니다. 제가 없을 때 잠시라도 돌봐줄 사람을 찾을 수 없을까요?"라는 말을 듣고 아미노 씨가 지역에 호소하여 '도우미 클럽'이 탄생했다. 연회비 1,000엔에 한 시간 이용료가 600엔이다. 이렇게 파격적으로 저렴한 이유는 지역 내 자원봉사 조직이기 때문이다. 현재 이용자는 20명이며 봉사자로 활동하는 사람도 20명이라고 한다.

　요개호 등급이 높아지면 개호보험의 범위 내에서는 도저히 세심한 서비스를 기대할 수 없다. 때로는 비용이 가계를 압박하는 경우도 있다. 도우미 클럽은 이처럼 개호보험으로 충당할 수 없는 서비스를 보완하는 이른바 상호부조 조직인 것이다. 도우미 클럽 대표 이토 스미코 씨에 따르면 청소나 병원 동행이 많고 집 열쇠를 맡기는 사람도 있다고 한다. "보통 헬퍼는 병원에 동행하더라도 도착한 즉시 돌아가 버리지만 도우미 클럽에서는 병원비 지불을 마치고 귀가할 때까지 함께해 줍니다. 일전에는 죽기 전에 성묘를 하고 싶다는 사람이 있어 복지 차량을 빌려 지바 현에 있는 묘원까지 같이 갔습니다."

　아미노 씨는 사토 의원과 방문간호 스테이션(방문간호를 목적으로 운영되는 사업소. 간호사, 보건사, 조산사, 물리치료사 등이 소속 의사 및 관계 기관과 연계되어 있음—옮긴이), 도우미 클럽 등 3자의 제휴로, 15년 동안 누워 지내고 있는 노인도 자택에서 돌보고 있다. '마지막까지 집에서'라는 가치관을 공유할 수 있다면 도시에서도 서로 협력할 수 있다는 사실을 아미노 씨가 여실히 증명한 셈이다.

마지막까지 삶을 완수할 장소

죽을 때만큼은 자유롭고 싶은 사람들에게 재택사는 마지막 바람을 실현할 수단이다. 앞에서 소개한 사람들이 집에서 맞이하는 죽음을 선택한 이유는 자신의 죽음을 받아들였기 때문이 아니라 죽는 순간까지 살아 있음을 실감하고 싶었기 때문이라고 생각한다.

야생 동물과 마찬가지로 사람도 자유롭고 평온하게 죽을 수 있는 장소를 원한다. 익숙한 집은 마지막까지 '삶'을 완수할 수 있는 장소이기도 한 것이다. 그럼에도 재택사가 드문 까닭은 이런저런 편견과 선입관에 사로잡혀 있기 때문이다. 가령 말기 암이라면 우리가 말기에 대한 시각을 조금만 바꿔도 얼마든지 집에서 요양할 수 있다.

현재 110만 명대로 추정되는 일본인의 연간 사망자 수는 2025년에 약 153만 명으로 급증하게 된다. 병원이나 요양시설 수가 지금 그대로라면 그중 41퍼센트인 약 63만 명(미쓰비시 종합연구소 추계)이 병원이 아닌 곳에서 임종을 맞아야 한다. 병원이나 요양시설을 늘리면 되지 않느냐고 생각할 수 있지만 베이비붐 세대가 사라지면 일시적으로 사망자 수가 갑자기 하락하게 된다. 이 경우 사회적 짐이 되기 때문에 무턱대고 시설만 늘릴 수도 없는 형편이다. 우리가 원하든 원치

않든 재택사를 선택하지 않을 수 없는 상황에 직면하고 있다.
그렇게 되기 전에 먼저 재택사에 대한 선입관부터 없애야 할
것이다.

9

너무 편하면
빨리 늙는다
혼자 살아가기 위한 연습들

장애물을 모두 치우는 배리어 프리를
너무 일찍 설치하면 오히려
다리 노화가 빨라질 수 있다는데…….
혼자서도 안전하게 지낼 방안이 필요하다.

나가오카 미요(長岡美代)

개호·의료 저널리스트. 요양기관 경험을 계기로 노인 요양과 의료, 생활방식을 중심으로 한 취재 및 집필 활동을 하고 있다. 『60대부터의 이사를 생각하는 책』, 『부모의 입원·간병에 직면했을 때 읽는 책』 등을 펴냈다.

일찍이 나는 혼자 사는 노인의 고독사에 직면한 적이 있다. 사건의 발단은 이웃들의 '이상하다'는 말이었다. 한낮인데도 방에 불이 켜져 있다는. 우편함에는 약 1주일치 신문이 쌓여 있었다.

"그러고 보니 최근에 본 적이 없네요."

평소에는 자전거를 타고 외출하는 모습이 이웃들 눈에 띄었던 만큼 다들 이상하다고 생각한 모양이었다. 바로 경찰이 달려왔지만 문을 따고 남의 집에 무단으로 침입할 수는 없었다. 어쩌면 장기 여행을 떠난 것인지도 모르니까. 일단 친척의 승낙을 얻어야 했는데 아무도 지인의 주소나 연락처를 알지 못했다.

결국 경찰이 시청에 문의하여 친척이 근처에 산다는 것을 알아냈고, 그 친척과 함께 집 안을 확인했다. 노인은 이미 죽어 있었다. 돌연사였던 모양이다.

　이 노인은 고령자 모임에도 정기적으로 참석하는 등 대인 관계가 원만한 편인 듯했다. 나중에 들은 이야기지만 출석하기로 했던 모임에 나오지 않아서 동료들도 이상하게 생각했다고 한다.

　고독사라고 하면 쓸쓸한 노후를 떠올리기 쉽지만 이 사례처럼 반드시 그렇지만은 않은 경우도 있다. 평상시에 건강하게 생활하다가도 언제 무슨 일이 일어날지 모른다. 특히 혼자 사는 경우에는 갑작스러운 질병으로 쓰러졌을 때 어떻게 대처하느냐가 과제이다. 이런 불안을 해소하기 위해 아직 건강할 때에 비상시 대응 서비스가 제공되는 노인주택으로 이주하는 사람도 있다. 배우자와의 사별을 계기로, 떨어져 살던 자녀들이 걱정해서 근처 유료 노인홈 따위로 모셔 오는 일도 드물지 않다.

　국가적으로도 베이비붐 세대의 고령화에 대비해 비상시 대응(안부 확인)이나 생활 상담 기능을 갖춘 '서비스 제공형 노인 전용 주택' 공급을 확대하고자 민간 사업자에게 건설비를 보조하는 등 힘을 쏟는 모양이다. 노인주택은 앞으로 10년 동안 60만 가구를 마련할 계획이라고 한다.

　이런 노인주택으로 옮겨 사는 것도 하나의 선택지가 되겠지만 거기에는 비용이 꽤 따른다. 입소할 때 일시금이라는 목

돈이 필요할 뿐 아니라 매달 내는 돈도 일반적으로 10만 엔 이상이다(집세 외에 비상시 대응 등의 생활 지원 서비스 비용이나 식비 포함). 누구나 마련할 수 있는 금액은 아니다.

자식이 부모를 모셔 오는 경우에도 잘 생각해야 한다. 낯선 지역에서 아는 사람도 없이 지내다 보면 외출할 일이 점점 없어지고 결국 집에만 틀어박히게 될지 모른다.

만약의 경우 집에서 어떤 서비스를 이용할 수 있을까?

집에 있어도 만약의 경우를 대비할 수 있다. 그중 하나가 지역 행정기관에서 독자적으로 실시하는 '노인복지 서비스'를 활용하는 것이다. 일례로 긴급호출 서비스를 실시하는 곳이 많다.

전용 통보 단말기를 빌려서(혹은 지급받아) 이용자가 긴급 버튼을 누르면 전문 직원에게 연결된다. 상황에 따라 구급차를 보내주거나 근처에 사는 협력 직원이 달려와 주기 때문에 안심할 수 있다. 지니고 다닐 수 있는 목걸이형 단말기도 있고, 사람의 움직임을 센서로 감지해 일정 시간 움직임이 없으면 전문 직원에게 알려주는 장치가 내장된 단말기도 있다. 이런 서비스는 대부분 무료이거나 저렴하다. 서비스를 이용할 수 있는 가구의 제한은 있지만 가능하기만 하다면 이용하지 않을 이유가 없다. 떨어져 사는 부모의 안부가 걱정되는 사람에게도 분명 안심할 수 있는 방법이 될 것이다.

2010년에 고령자의 소재 불명 문제가 집중 조명된 일도 있어서 지역적으로 고령자를 지켜보는 네트워크 만들기에 힘을 쏟는 지자체가 늘고 있다. 도쿄 도 세타가와 구에서는 노인 가구를 대상으로 전문 직원이 정기적으로 전화를 걸어 안부를 확인한다. '고령자 안심콜'이라고 해서 생활의 불편사항에 대해서도 24시간 365일 태세로 무료 전화상담에 응하고 있다.

노인 3명 중 1명 이상이 혼자 산다는 도쿄의 도요시마 구에서는 2011년 4월부터 직원을 증원해서 전화나 방문을 통한 노인 가구의 실태 파악과 안부 확인을 강화하기 시작했다. 필요에 따라 노인복지 서비스나 개호보험을 이용할 수 있도록 연결시키는 것이 목적이다. 도요시마 구 노인복지 과장에 따르면 이는 '고립에 따른 고독사를 방지하기 위함'이다. 배식 서비스도 그동안은 주 3일만 제공했지만 주 5일로 확대했다. 도시락을 배달하는 김에 안부를 확인하고 이상이 있으면 연락을 받는다고 한다.

안부 확인(지켜보기) 방법은 지자체마다 다양하게 고안해 내고 있다. 재해 발생 등의 상황에 이용할 수 있도록 노인 가구

연락처를 등록해 놓는 제도도 이 중 하나이다. 비상시에 적절한 의료 대책을 마련할 수 있도록 '구급의료정보키트'를 배포하는 곳도 늘고 있다. 원통형 함에 노인들이 다니는 병원이나 복용약 같은 정보를 적어 냉장고 등에 보관하는 것이다.

옛날에는 관혼상제를 계기로 이웃끼리 서로 협력하는 일이 많았지만 오늘날에는 가치관과 생활양식의 변화로 교제가 줄고 있다. 공동 주택이라면 더욱 그렇다. 노인복지 서비스를 이용하여 만일의 상황에 대비하는 것도 시대의 흐름이라고 할 수 있다. 다만 자위책으로 오랫동안 집을 비울 때 말 한마디 걸어줄 이웃이 있으면 더할 나위 없이 좋을 것이다.

배리어 프리를 일찍 설치하면 오히려 노화가 빨라진다?

나이가 들면 계단 오르내리기가 힘들어지거나 아주 낮은 턱에도 걸려 넘어지는 일이 생긴다. 자칫하면 골절로 입원해 그대로 드러눕는 경우도 드물지 않다. 집에서 일어나는 사고를 가볍게 생각해서는 안 된다.

2009년 도쿄 소방청의 조사에 따르면 부상을 입어 구급 이송된 노인들 중 70퍼센트 이상이 넘어졌기 때문이라고 한다.

가장 많이 넘어지는 곳이 집인데, 거실을 필두로 계단, 복도, 통로가 뒤따른다. 익숙한 '내 집'이 반드시 안전한 장소는 아니라는 말이다. 그렇지만 모든 턱을 없애고 배리어 프리 구조로 만드는 게 좋은가 하면 꼭 그런 것도 아니다.

"오히려 다리 노화가 빨라지는 것 같습니다."

자립생활이 가능한 노인들이 들어가는 유료 노인홈의 시설장들에게서 자주 듣는 말이다. 유료 노인홈 시설은 대부분 배리어 프리 구조로 되어 있는데 아직 건강할 때 턱이 없는 생활에 익숙해지면 주의력이 부족해지거나 다리 근력 저하가 빨라지는 경향이 있다고 한다. 물론 확실한 데이터가 있는 것은 아니지만 고령자의 생활을 오랫동안 지켜봤기에 알 수 있는 사실이다. 욕실 문에 일부러 15센티미터 정도로 턱을 만들어 다리 움직일 기회를 늘리는 노인시설도 있을 정도이다. 이런 문제는 생각해 볼 가치가 있다.

사람은 원래 다리부터 늙는다고 한다. '일본 의사회 총합 정책 연구 기구日医総研'에서 요개호자의 심신 기능 경과를 2년(2000~2002년)에 걸쳐 추적한 조사 결과가 흥미롭다. 요지원/요개호 판정의 조사 항목을 이용해 어떤 생활 동작부터 기능이 저하되는지 경과를 살펴봤더니 '앉았다 일어서기'나 '자리에서 일어나기', '한쪽 발로 선 자세 유지'부터 저하된다는 사실이 드러났다. 이는 다리와 허리 근육 저하에 따른 것이다.

걸을 때 발바닥 전체로 스치듯이 걷는 노인이 있는데 이것도 그 전조 현상이다. 걸을 때 다리를 끌어올리는 근력이 쇠퇴해서 넘어지기 쉽다. 척추와 양다리를 이어주는 근육인 큰허리근을 단련하는 것이 좋다고 하여, 노인 건강을 위해 발판 오르내리기 운동을 도입하는 지자체도 있다.

발바닥으로 걷다가 넘어지는 일을 예방하려면 집 안에 발에 걸릴 위험이 있는 물건을 치우는 것도 중요하다. 바닥에 놓아둔 물건에 걸려 넘어지거나 코드나 카펫 끝자락에 발이 걸려 넘어지는 경우도 있다. 평상시 정리정돈에 신경 쓰는 것도 해결책이 된다.

리모델링 하지 않고도 편안하게 사는 법

주택 리모델링을 하더라도 나중에 도움이 될 것 같다는 이유로 무턱대고 손잡이 따위를 붙이는 일은 그만두자. 잘 쓰지 않는 손잡이가 어느새 수건걸이로 변해버리는 일이 흔하다. 손잡이 때문에 복도가 좁아져 막상 간병이 필요할 때 휠체어를 쓸 수 없게 되는 사태가 벌어질지도 모른다.

만일 리모델링을 한다면 목적을 명확히 해야 한다. 먼저 생활의 어떤 부분이 불편한지 파악하자. 예를 들어 계단이 좁아서 급히 오르내릴 때 불안하다면 계단 옆에 손잡이를 붙이거나 발밑에 등을 설치하는 방법을 검토해 볼 수 있다.

집의 구조나 노후화 정도 등을 고려한 다음, 사용하는 사람의 심신 기능에 맞춰 개조 계획을 제안해 주는 인테리어 업체를 선택한다. 화장실 손잡이 하나도 잘못 달면 무용지물이 될 수 있다. L자형 손잡이를 거꾸로 붙여놓은 사례도 있을 정도이다. 손잡이 위치 같은 것은 사용하는 사람의 신체 기능에 따라 다르기 때문에 가능하면 노인 주택 리모델링을 해본 적이 있는 사업자를 선정하는 편이 좋다. 자치단체에 따라 물리치료사나 작업치료사 등 전문가의 조언을 제공하는 곳도 있으니 이를 활용해 보자.

주택 리폼은 개호보험 대상이 되는데, 20만 엔 한도 내에서 손잡이 설치나 문턱 제거, 다다미에서 마루로 변경하는 등의 시공비가 지급된다. 자기 부담은 한도액 내에서 지불한 비용의 10퍼센트이다. 지역 행정기관의 개호보험 담당 부서에 미리 신청해야 하며, 일단 전액을 사업자에게 지불한 뒤 90퍼센트를 돌려받는 구조로 되어 있다. 이 20만 엔 한도는 한꺼번에 다 쓰지 않고 여러 번에 걸쳐 나누어 사용할 수도 있다. 요지원/요개호 등급이 3단계 이상 올랐을 때는 추가로 20만 엔 한도 내에서 이용 가능하다.

개중에는 부당하게 높은 공사비를 청구하는 사업자도 있으니 반드시 여러 곳에서 견적을 받도록 하자. 귀찮더라도 가장 가까운 지역포괄지원센터나 케어매니저* 등에게 상담해서 견적 비용이 타당한지 어떤지 물어보는 것이 좋다. (재)주택리폼분쟁처리지원센터의 스마일 다이얼(전화 0570-016-100)에서도 1급 건축사가 견적 상담을 해주고 있다.

주택을 개조하지 않고도 나이 들어 살기 좋은 주거 환경을 만드는 방법이 있다. 문턱을 없애기 위해 방과 방의 출입구에 미니 슬로프를 대거나 욕실에 깔판을 놓는 것이 한 예이다. 신발을 신고 벗을 때 균형 잡기가 힘들다면 현관에 작은 의자를 두어 해결한다. 시공만이 해결책은 아니다.

복지도구를 적절히 활용하여 생활이 편리해지는 방법도 있다. 예를 들어 욕실 벽면에 손잡이를 다는 대신에 욕조용 손잡이(182쪽 사진 ①)를 붙이는 방법도 있다. 붙이기가 쉬울 뿐 아니라 위치를 자유롭게 바꿀 수도 있는 우수한 제품이다.

욕조에 들어가기가 힘들어졌다면 전용 입욕대(사진 ②)를 욕조에 붙여, 앉아서 들어갈 수 있다. 전용 소형 의자를 욕조 안

● 케어매니저(Care Manager) : 환자나 노인을 위한 요양 서비스를 계획하고 관리하는 전문가로 일본 국가고시를 통해 선발된다. 개호보험 시행과 함께 요양 서비스를 제공하는 요양보호사의 업무를 체계적으로 관리·지원하기 위해 출현했다. 한국에는 아직 이런 직업이 자리 잡지 않았지만 점차 필요성이 나타날 것이다.

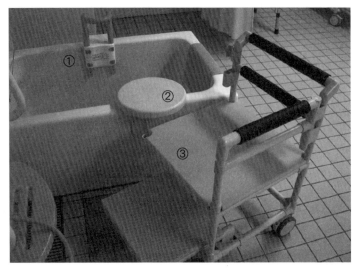

③은 욕실 안에서 이동을 편하게 해주는 욕실용 바퀴의자. 앉는 면과 욕조의 높이를 맞추면 욕조 안으로 들어가기가 쉬워진다. 종류가 다양하니 몸 상태에 맞춰 선택하면 된다.

에 넣어서 쉽게 앉고 설 수 있도록 하는 방법도 있다. 거창한 공사를 하지 않아도 몸 상태에 맞추어 주거 환경을 손쉽게 개선할 수 있는 방법이 있다는 말이다.

여기서 소개한 복지도구는 개호보험이 적용되므로 자기 부담은 10퍼센트면 된다. 품목에 따라 '구입용'과 '대여용'으로 나뉘는데 피부에 직접 닿는 목욕이나 화장실 용품 등은 구입용이고 연간 10만 엔(자기 부담은 1만 엔)까지 가능하다. 행정기관에서 지정받은 복지도구 사업자에게 전액을 먼저 지불하고 나중에 기관에 신청하면 90퍼센트를 돌려받는 식이다.

한편 대여용은 환자 침대나 휠체어 등 13종류(요양 등급에 따라 이용 불가능한 것도 있다)이다. 공사할 필요 없이 쉽게 부착할 수 있는 손잡이나 슬로프도 대상에 포함되어 있다. 대여용은 필요 없을 때 언제든 반환이 가능하므로 신체 기능 변화에 따라 다른 물건으로 바꿀 수도 있다. 직접 사기에는 비싼 물건이지만 개호보험으로 저렴하게 이용할 수 있다는 이점이 크다. 예를 들어 어떤 사업자가 판매하는 욕조용 손잡이 요금이 1만 6,800엔이라고 했을 때, 개호보험 이용자는 이 금액의 10퍼센트인 1,680엔만 부담하면 되는 것이다. 같은 품목이라도 사업자에 따라 요금 차이가 있다.

그런데 편리한 복지용품도 잘못 사용하면 생각지 못한 결과를 불러일으킬 수 있으니 주의해야 한다. 이시다 가즈코 씨(가명, 75세)의 남편은 전동 환자 침대를 이용한 후로 음식물 삼키기가 어려워지고 떠주는 밥조차 받아먹지 못하게 되었다. 남편 몸 상태가 걱정된 가즈코 씨는 홈헬퍼에게 상담했다. 그 결과 환자 침대 사용법에 문제가 있었음을 알게 되었다. "등받이를 올릴 때는 등에 일정한 압력이 가해집니다. 그 상태로 두면 계속 불편할 뿐 아니라 먹고 삼키는 데에도 영향을 미칠 수 있습니다." 홈헬퍼 사업소의 관리자 기노시타 가나에 씨가 이렇게 설명해 주었다.

실제로 필자가 환자 침대에서 체험해 보았더니 뒤에서 꾹

하고 등을 내리누르는 듯한 느낌이 지속되어 몹시 불편했다. 물을 마시려고 해도 생각처럼 되지가 않았다. 기노시타 씨는 이렇게 말했다. "본인이 원하는 대로 몸을 움직일 수 없는 환자에게는 특히 주의가 필요합니다. 가족이나 간병인이 등의 압박감을 없애주지 않으면 안 됩니다." 방법은 그렇게 어렵지 않다. 등받이를 올리다가 각도가 40도 전후가 될 때 환자 등에서 허리까지 손으로 쓸어내려 등을 침대에서 조금 떨어뜨리면 된다. 등과 침대 사이에 공기를 넣어 압박감을 줄이는 것이다. 이때 환자가 침대에서 굴러 떨어지지 않도록 받치는 것도 잊지 말도록. 만일 등받이를 올리는 도중에 시행하기가 어렵다면 편안한 각도로 일으킨 다음에 해도 된다.

가즈코 씨가 기노시타 씨의 조언대로 해봤더니 금세 남편의 상태가 좋아져 식사도 할 수 있게 되었다고 한다. 만일 그대로 두었다면 몸 상태가 나빠졌을지 모른다. 올바른 사용법이 얼마나 중요한지 통감할 수 있는 사례이다. 복지용품은 생활을 개선할 수 있는 편리한 도구이지만 잘못 사용하면 사고로 이어질 위험도 있다. 복지용품 사업자에게는 전문 상담원이 있으니 어떤 도구가 적절하며, 그것들을 어떻게 사용하면 좋은지 배워야 한다. 반대로 그런 조언을 해줄 수 있는 사업자를 선택하는 것이 지혜롭게 이용하는 요령일 것이다.

가족이 함께 살면 서비스를
이용할 수 없을까?

10퍼센트의 자기 부담으로 요양보호 서비스를 이용할 수 있는 개호보험은 노년 생활에 빠질 수 없는 제도이다. 거리에서 데이서비스의 셔틀 차량이나 휠체어 이용자를 발견하는 일도 많아졌다. 하지만 요양 서비스는 복잡한 구조 때문에 잘 이해되지 못하는 부분도 적지 않다. 서비스를 이용할 기회를 놓치지 않도록 올바른 정보를 알아두는 것이 중요하다.

사람들이 흔히 오해하는 것 중 하나가 요지원/요개호 인정에 관한 것이다. 개호보험 서비스는 누구나 다 이용할 수 있는 것이 아니라 일정한 요지원/요개호 상태에 있는 사람만 이용할 수 있다는 조건이 있다. 원칙상 65세 이상의 노인이 대상이며 지역 행정기관의 방문조사를 받아 '요지원 1, 2' 혹은 '요개호 1~5' 등급 중 하나의 판정을 받아야 한다. 만일 '비해당(자립 가능)' 등급이 되면 개호보험 서비스를 이용할 수 없다. 요지원/요개호 판정은 개호보험 서비스를 이용하기 위한 일종의 관문이다. 이 판정 결과는 행정기관의 창구에 신청하고 나서 1개월 정도 걸려 집으로 우편 통지가 온다. 입원을 계기로 요양보호가 필요한 상태가 되는 경우가 많으니, 퇴원 계획이 잡히면 서둘러 판정 신청을 해두어야한다. 퇴원 후에 바로 이동형 화장실 같은 복지용품이나 방문간호가 필요해지는 일이 많기 때문이다.

그런데 판정 결과가 나올 때까지는 서비스를 이용할 수 없는가 하면 그렇지 않다. 잠정적인 등급으로 서비스를 이용할 수 있는 요령이 있다. '아마 이 정도 등급이 나올 것'이라는 예측을 바탕으로 정식 판정이 내려지기 전에 개호 서비스를 이용하는 것이다. 등급 판정은 신청 시기로부터 소급 적용되기 때문에 그 사이에 이용한 서비스도 개호보험의 대상이 된다. 개중에는 이런 구조를 몰라서 개호보험으로 싸게 빌릴 수 있는 복지도구를 비싼 값으로 구입한 사례도 있으니 꼭 기억해두길 바란다. 다만 예상보다 등급이 낮거나 비해당 등급이 된 경우에는 보험이 적용되지 않는 부분이 생긴다. 그만큼은 전액 자비로 부담해야 하니 주의가 필요하다.

판정 결과가 나오기 전에 서비스를 이용하고 싶은 경우는 잊지 말고 지역 관청이나 가까운 지역포괄지원센터에 상담하자. 특히 말기 암(40~64세의 사람도 이용 가능)의 경우는 심신 상태가 급속히 악화되기 쉬우므로 이 구조를 알아두면 도움이 된다.

방문요양도 오해가 많은 서비스이다. '가족이 같이 살고 있으면 서비스를 이용할 수 없다'는 소문이 전형적인 예이다. 방문요양 서비스는 크게 식사나 배설 등을 보조하는 '신체 지원'과 청소나 세탁 등을 지원하는 '생활(가사) 지원'으로 나뉜다. 이 중 생활 지원은 이용자가 혼자 살거나 가족 등에게 장애나 질병이 있거나 기타 사정으로 가사가 곤란한 경우 중 하나에 해당하면 이용할 수 있다. 즉 기본은 혼자 사는 노인이 대상이지만 설령 가족이 동거하고 있어도 특별한 사정이 있으면 이용할 수 있다는 말이다. 이용자 본인이나 가족의 가사 능력도 물론이거니와 부담감이나 그것이 미치는 영향 등도 고려하여 이용 가능 여부가 결정된다.

그러면 왜 위와 같은 오해가 생기게 된 것일까? 가장 큰 이유는 개호보험 수급비의 증대이다. 제도 시작 당시는 3.6조 엔이었던 개호보험 비용이 해마다 늘어 지금은 8.9조 엔이다. 국가의 재정 부담뿐 아니라 40세 이상이 의무 납입하는 개호보험료의 지불 부담도 늘어났기 때문에 2004년부터 국가적으로 개호보험 지급 적정화 운동을 전개해 부정수급을 엄격히 관리하기 시작했다. 생활 지원 적용도 까다롭게 확인해서, 과거에는 요양 보수의 반환을 요구당한 사업소도 속출했다. 지금까지 너무 쉬웠다고도 할 수 있다.

생활 지원 서비스 이용이 가능한지의 여부는 먼저 케어매니저가 판단한다. 그 내용을 요양계획서에 기입하면 지자체가 현장 지도 등을 통해 확인한다. 이때 생활 지원을 적용할 수 있다고 판단한 근거나 납득할 만한 설명이 요구되며 타당

성을 인정받지 못한 경우에는 요양 보수를 반환해야 한다. 서비스를 제공했는데 나중에 요양 보수를 반환해야 한다면 사업자에게는 큰 손실이다. 그 때문에 한때 '생활 지원 이용 대상이 되는지 판단하기 어려운 경우는 서비스를 제공하지 말도록' 업무 명령을 내리는 사업소도 나타났다. 가족과 따로 살고 있어도 지원이 가능한 거리라면 동거로 간주하는 등 독자적인 규칙을 마련하는 지자체도 있었다.

그 결과 동거 가족이 있다는 이유만으로 개별 사정을 감안하지도 않고 일률적으로 생활 지원을 거절당한 이용자가 속출하였고 후생노동성이 지금까지 여러 차례 지자체 등에 개선을 요구하는 문서를 보냈을 정도이다. 이러한 일련의 움직임이 어느새 '가족이 같이 살면 방문요양(생활 지원) 서비스는 이용할 수 없다'는 유언비어로 퍼져 잘못된 상식으로 굳어진 것이다.

나도 여러 번 들은 적이 있지만, 이런 말을 믿으면 기껏 이용할 수 있는 서비스도 활용하지 못하게 되는 셈이다. 이 밖에 '서비스 직원은 창문을 닦아주지 않는다'는 말도 종종 듣는데 이것도 오해다. 물론 대청소나 방 구조 변경, 특별한 수고를 들여 만드는 요리 등 일상의 가사 범위를 넘는 서비스는 개호보험의 대상에서 벗어나지만 사람의 생활이 항상 명확하게 선을 그을 수 있는 것은 아니기 때문이다. 생활 지원의 적용 범위처럼 개개인의 사정을 감안한 다음에 서비스의 필요성을 판단해야 하는 경우도 있다.

케어매니저를 잘 선택하는 방법

여기서 핵심이 되는 것이 케어매니저의 역량이다. 케어매니저는 먼저 재택요양에 필요한 서비스를 제안해서 요양계획서를 작성한다. 서비스 이용이 시작되고 나서도 정기적으로 이용자를 방문할 뿐 아니라 환자가 다니는 병원의 의사나 요양서비스 사업자와도 정보를 교환해 서비스가 적절히 제공되고 있는지를 파악한다. 이용자와 가족이 원하는 생활을 지원하기 위함이다. 이처럼 케어매니저의 능력에 따라 재택요양 생활이 바뀐다고 해도 과언이 아니다.

수년 전에 아버지를 여의고 지금은 치매 어머니를 집에서 간호하는 사사야마 유(가명, 62세) 씨는 두 명의 케어매니저를 접하며 차이를 통감했다고 한다. "어머니를 담당하는 분은 질문에 금방 답해 줍니다. 어떻게 하면 좋을지 불안할 때가 많은데 '언제든지 연락주세요.' 하고 말해 주니 안심이 되지요." 반면 돌아가신 아버지를 담당했던 케어매니저에 대해서는 불만을 토로했다. 자기 아이들에게 일이 있다며 상대해 주지 않은 적도 있었다는 것이다. 아버지 때는 큰 기업 사업자라 더 나으리라 생각해서 선택했는데 이 정도로 담당자에 따라 차이가 있을 줄은 몰랐다고 한다. 개중에는 생활에 필요한 서비스를 제안하지 못하거나 소속된 사업소의 서비스밖에 지원해 주지 않는 사례도 있다. 케어매니저의 선택은 생활의 질을 좌우하는 핵심 열쇠라 할 수 있다.

사사야마 씨는 지역포괄지원센터에 상담하여 매니저를 선택했다고 하는데 다니던 병원이나 요양 노인 가족들의 모임 등에 물어보는 방법도 있다. 케어매니저를 선정할 때는 진지하고 신속하게 대응해 주는가를 비롯해서 구체적인 제안이나 조언을 해주는가, 원하는 서비스를 이용할 수 없을 때는 납득할 만한 설명이나 대안을 제공해 주는가도 확인하자. 만일 신뢰관계를 쌓을 수 없다고 판단되면 케어매니저를 바꾸는 용기도 필요하다. 사전에 요양 서비스 사업자에게 평판을 물어봐도 좋다. 이용하는 측에서도 케어매니저에게 일임하는 자세가 아니라 생활상에 곤란한 부분이나 바라는 점을 구체적으로 전달하는 노력을 게을리 하지 않아야 한다. 여러 가지 서비스를 잘 활용하면 늙어서도 내 집에서 생활하는 일이 더 이상 꿈이 아니다.

100세 시대 노인이 살아갈 곳

─한혜경(호남대학교 사회복지학과 교수)

노인복지시설에서 사는 게 좋은가, 집에서 사는 게 좋은 가? 이건 한마디로 대답하기 어려운 문제이다. 이런 질문을 하는 사람이 어떤 상태인가에 따라 대답 또한 달라질 수밖에 없기 때문이다.

만일 질문을 하는 사람이 일상생활에 아무런 지장을 느끼지 않는 노인이라면 '당연히' '집에서 사는 게 더 낫다'고 대답하겠다. 그동안의 연구 결과에 따르면, 일상생활을 수행할 능력이 있는 노인이라면 다소 힘들어도 자기 집에서 독립적으로 사는 것이 건강에도 좋고 삶의 질도 더 높기 때문이다. 이런 이유로 일본을 포함하여 우리보다 노인복지 역사가 긴 나라일수록 가능한 한 오래 자기 집에서 사는 게 최선이라고 강조한다.

그리고 다양한 '재가복지 서비스'를 통해 노인들이 집에서 가급적 오래 살 수 있도록 도와준다. 요양보호사가 집으로 찾아와서 가사 일을 포함한 일상생활을 지원하거나 목욕을 시켜주기도 하고, 낮 시간 동안 돌봄을 제공하는 주간보호 서비스를 제공하며, 문턱 같은 장애 요소(배리어)를 없애주는 주택 수리 서비스를 실시하기도 한다.

우리나라에서도 2008년 7월에 노인장기요양보험제도가 도입되면서 2015년 현재 전국의 1만 2,000개가 넘는 재가요양 기관이 방문요양, 방문간호, 방문목욕 서비스, 주간보호 서비스 등의 재가급여를 제공하고 있다.

하지만 집이 아무리 좋다고 해도, 그리고 아무리 재가복지 서비스가 잘되어 있다고 해도 '시설'은 필요하다. 아니 매우 중요하다. 치매나 중풍에 걸렸거나 독립적인 일상생활이 불가능해졌을 때, 그래서 누군가로부터 돌봄을 받아야 하는데 돌봐줄 사람이 마땅치 않을 때는 시설에서 보호를 받는 것이 차선책이다.

우리나라에서도 노인장기요양보험제도를 통해 거동이 불편하거나 치매 등의 질환 때문에 집중적인 돌봄이 필요한 노인들이 '요양시설'에서 보호를 받도록 하고 있다. 2015년 현재 전국적으로 5,000여 개의 요양시설이 운영되고 있다. 100세 시대를 사는 사람들에게 시설과 집은 '선택'의 문제라기보다 서로 '보완적 역할'을 하는 두 가지 필수 요소라고 말할 수 있다.

이제 우리가 관심을 가져야 할 것은 '어떤 시설이 좋은 시설인가?' 하는 점이다. 장기요양보험제도 실시와 함께 전국적으로 요양시설이나 재가시설 모두 급격히 증가하는 바람에 소비자 선택의 폭이 넓어진 건 좋은 일이지만, 누구라도 '신고'만 하면 시설을 설립할 수 있는 현 체제에서 '복지'보다는 '이윤 창출'을 우선으로 하는 시설도 많기 때문이다. 따라서 좋은 시설을 선택할 수 있는 안목을 가져야 한다. 특히 유료 노인시설의 경우에는 파산 등으로 인해 전 재산을 잃고 오갈 데 없는 처지가 되지 않도록 더 세심한 주의를 기울여야 한다.

가끔 "어떤 시설이 좋습니까?"라고 질문하는 분들이 있다. 나는 우선 국민건강보험공단으로부터 '우수 평가'를 받은 기관을 이용하라고 대답한다. 특히 요양시설의 경우, 너무 외딴 곳에 뚝 떨어진 대규모 시설보다는 집처럼 편안하고 익숙한 생활을 즐길 수 있으며 동시에 '전문적인 돌봄'이 이루어지는 곳을 선택하는 것도 좋은 방법이다. 즉 노인 개개인의 존엄성과 개별성을 최대한 존중하는 시설을 선택하는 것이다.

우리나라에서는 '생의 마지막을 어디서 마감할 것인가'에 관한 사회적 관심이 아직 크지 않은 것 같다. 하지만 이 또한 매우 중요한 문제다. 일본의 경우처럼, 우리나라 사람들도 자기 집에서 생을 마무리하고 싶어 하지만 실제로는 병원에서 생을 마감하는 것이 현실이기 때문이다.

건강보험정책연구원이 2014년 8월에 전국의 만 20세 이상 남녀 1,500명을 대상으로 조사한 결과, 57.2퍼센트가 본인이 죽기 원하는 장소로 가정(자택)을 골랐지만, 국민건강보험공단이 2016년에 발표한 자료에 따르면, 2013년 기준 우리나라 전체 사망자 중 71.5퍼센트가 의료기관에서 숨졌고, 자택에서 숨진 경우는 17.7퍼센트에 불과한 것으로 나타났다.

　우리나라에서도 필요한 의료 및 요양 서비스를 받으면서 내 집에서 편안하게 숨을 거둘 수 있는 환경이 하루빨리 마련되어야 한다. 살아 있는 동안 어떻게 잘 살 것인가 하는 문제 못지않게, 어떻게 존엄하고 품위 있게 죽음을 맞이할 것인가의 문제 또한 매우 중요하기 때문이다.

10

밥보다
고기를 먹어라
잘못 알고 있는 당뇨병 상식들

'탄수화물을 조절하라'는 세계 의학계의 상식.
밥을 많이 먹었다면 무조건 걸어야 한다.
지방이나 단백질은 혈당치와 관계 없다.

마키타 젠지(牧田善二)

당뇨병 전문의. AGE 마키타 클리닉 원장. 홋카이도대학교
의학부를 졸업하고 지역 병원에서 당뇨병 전문의로 근무했
다. 미국 록펠러대학교에서 당뇨병 합병증의 원인으로 주목
받고 있는 종말당화산물(AGE)을 5년간 연구했다. 2003년
부터 당뇨병을 비롯한 생활습관병 치료를 위한 AGE 마키
타 클리닉을 도쿄 긴자에 열어 지금까지 10만 명 이상의 환
자를 진료하였다. 국내에는 그의 저서 『당뇨병엔 밥보다 스
테이크를 먹어라』가 번역되어 있다.

"당뇨병에 걸리면 밥보다 스테이크를 드십시오."

당뇨병 전문의인 내가 환자에게 이렇게 권한다고 하면 많은 분들이 놀란다. 하지만 우리 진료소에서는 이 권유를 따라 효과를 본 환자들이 많다.

당뇨병은 일본의 국민 병이라 해도 될 만큼 빠르게 증가하고 있다. '2007년 국민 건강·영양 조사'에 따르면 '당뇨병이 크게 의심되는 사람'과 '당뇨병 가능성을 부정할 수 없는 사람'의 합계가 2,210만 명으로, 10년 전의 1.6배에 달한다. 30년 전에는 성인 100명 중 한 명 정도였던 당뇨병 환자가 후생노동성의 당뇨병 실태조사 보고에 따르면 2002년에 6.3명 중 한 명이 되었다고 한다. 앞으로는 세 명 중 한 명이 당뇨병인 시대가 온다는 예측도 있다. 더 이상 누구도 무관심할 수 없는 질병인 셈이다.

당뇨병에는 어떠한 원인으로 인해 인슐린이 전혀 분비되지 않는 1형과, 생활습관 등의 원인으로 췌장 기능이 약화되어 인슐린 작용이 부족해진 2형을 비롯해 몇 가지 종류가 있는데 여기서는 전체의 약 95퍼센트를 차지하는 2형 당뇨병에 대해 이야기하겠다.

당뇨병의 가장 무서운 점은 심각한 합병증이다. 당뇨병에는 별로 자각 증상이 없지만 적절한 치료를 하지 않고 그대로 방치하면 언젠가 엄청난 청구서가 날아온다. 당뇨병 신경장애, 당뇨병 망막증, 당뇨병 신증이 3대 합병증이다. 이 때문에 실명하는 사람은 연간 약 3,000명, 신증이 악화되어 인공투석을 해야 하는 사람은 연간 약 1만 6,000명이라고 알려져 있다.

나는 당뇨병 전문의로서 심각한 합병증을 방지하는 일에 중점을 두고 치료해 왔다. 내가 초기부터 담당한 환자들 중 실명이나 투석에 이른 사람은 한 명도 없다. 본래 제대로 관리만 하면 심각한 합병증에 걸리지 않는데 왜 매년 이렇게 많은 사람이 실명이나 인공투석에 이르는 걸까? 그 원인 중 하나로 잘못된 치료법, 특히 열량 조절 중심의 식사 지도가 있다는 나의 생각이 세간에 경종을 울렸다.

그 결과 현재는 꽤 올바른 지식이 자리 잡아 가고 있지만 그래도 아직 잘 모르는 환자분이나 의료 관계자가 많다. 열량 조절은 탄수화물 조절로 바뀌어야 한다. 그 대표적인 예가 맨 처음에 한 말이다. 바로 "밥보다 스테이크를 드세요."

혈당치를 높이는 영양소는 탄수화물뿐이다

우리 진료소를 방문한 A씨는 40대 남성이다. 당뇨 판정을 받은 후 꾸준히 병원에 다니며 '혈당치를 안정시키기 위해 하루 식사를 1,600㎉ 이하로 낮출 것!'이라는 의사의 지시를 충실히 따라왔다고 한다. 지방분이 많아 보이는 양식은 되도록 피하고 일식을 중심으로 특히 배가 든든해지는 밥을 양껏 먹는 생활을 계속했지만 혈당치는 전혀 내려가지 않았다. 나는 그런 A씨에게 '혈당치를 높이지 않으려면 탄수화물을 먹지 말아야 한다. 지방이나 단백질은 아무리 먹어도 혈당치에 관계가 없다'는 사실을 알려주었다.

여기서 잠시, 당뇨병 판정 기준은 세계 공통적이다. 공복 시의 혈당 수치가 126㎎/㎗ 이상, 혹은 식후 2시간의 혈당 수치가 200㎎/㎗ 이상일 경우 당뇨병이다. 그래서 나는 환자들에게 식후 혈당치가 200㎎/㎗을 넘지 않는 것을 목표로 제시하고 있다.

A씨는 처음에는 내 말을 믿지 못했지만 바로 다음 날부터 점심식사에서 밥을 빼보았다고 한다. 그러자 식후 혈당치가 112mg/㎗까지밖에 오르지 않았다. 밤에는 스테이크를 먹었는데 밥은 함께 먹지 않았더니 혈당치가 88mg/㎗이었다. 그런데 그 다음 날 점심에 밥을 먹자 식후 혈당치는 단번에 280 mg/㎗까지 올라갔다고 한다. A씨는 이러한 결과에 매우 놀랐다. 하지만 혈당 수치가 올라가는 구조를 생각하면 당연한 결과이다.

왜 탄수화물만 유독 혈당치를 높이는 것일까? 통상 우리가 섭취한 탄수화물, 즉 당질은 체내에서 소화·분해되어 포도당이 되고 혈액에 실려 몸 전체로 운반된다. 혈액 중 포도당 농도는 췌장에서 분비되는 인슐린에 의해 조절되는데 당뇨병에 걸리면 인슐린 분비량이나 작용 효과가 떨어지기 때문에 혈액 중 포도당 농도가 과잉 상태가 된다. 이것이 고혈당 상태이다. 반면에 지방질이나 단백질은 포도당으로 변하지 않기 때문에 아무리 먹어도 혈당치에 영향을 미치지 않는 것이다.

칼로리에 신경 쓰느라 점심에는 메밀국수를 자주 먹었다는 환자분이 많은데 55세 남성 B씨도 그중 한 사람이었다. 내 이야기를 듣고 자가 측정을 해보니 식전에는 115mg/㎗이었던 혈당치가 메밀국수 한 그릇을 먹고 2시간 후에는 252mg/㎗로 뛰었다고 한다. 마찬가지로 스테이크를 먹었을 때는 식전

116㎎/㎗에서 식후 113㎎/㎗로 조금이지만 수치가 내려갔다. "당뇨병에 좋다고 생각해서 고기를 참고 국수를 먹어왔는데 오히려 역효과를 내고 있었다니." B씨는 충격을 감추지 못했다.

의료 현장에서 하는 식사 지도의 주류는 여전히 열량 조절이다. 하지만 아무리 열량을 줄여도 탄수화물을 섭취하면 그만큼 혈당치가 올라간다. 설령 다이어트 효과 때문에 일시적으로 몸 상태가 개선된다 해도 근본적인 해결은 되지 않는다.

알코올은 혈당치를 낮춰 준다

이렇게 말하는 나도 10여 년 전까지는 열량 제한이 옳다고 굳게 믿었던 사람이다. 지금도 잊히지 않는 2001년, 대학교 수였던 나는 당뇨병 치료 현장을 시찰하러 간 미국에서 탄수화물을 줄이는 식사 지도가 일반적으로 이루어지고 있는 모습을 보고 큰 충격을 받았다. 바로 조사해 보니 탄수화물 억제가 당뇨병 치료에 효과가 있다고 말하는 신뢰할 만한 논문이 다수 있어서 더욱 놀랐다.

미국당뇨병학회(ADA)의 공식 가이드북에는 "탄수화물은 섭취 후 15분 이내에 혈당치를 높이며 2시간 이내에 100퍼센트 포도당으로 바뀌어 흡수된다. 단백질이나 지방은 전혀 혈당치를 높이지 않는다."라고 분명히 쓰여 있다. 세계적으로도 탄수화물만이 혈당치를 높인다는 사실은 상식이 되어 있었던 것이다.

50대 남성 C씨는 "알코올의 열량은 1g당 약 7kcal로 높으니, 술을 마실 때는 그만큼 다른 음식을 줄여서 열량을 제한하라."라는 지도를 받고, 술자리에서는 가능한 한 안주를 먹지 않았다고 한다. 그렇게 술을 마신 다음 날은 항상 몸 상태가 나빴고, '역시 술을 마시면 혈당치가 올라가 몸에 부담을 주는구나' 생각하며 처음 들었던 말을 더 굳게 믿었다고 한다.

현실은 이와 정반대였다. 알코올에는 혈당치를 낮추는 작용이 있어 다른 음식의 섭취마저 줄인 C씨는 저혈당 상태에 빠졌던 것이다. 앞의 ADA 공식 가이드북에도 "술은 포도당으로 바뀌어 혈당치를 높이는 작용을 하지 않는다. 술은 간에서 방출되는 포도당의 양을 줄이므로 인슐린이나 당뇨병약을 복용중인 사람이 술을 마시면 저혈당에 빠질 위험이 있다."라고 분명이 명시되어 있다. 맥주나 일본 술에는 당질이 들어 있기 때문에 섭취 후에 거의 변화가 없지만 소주나 위스키, 와인 등의 경우는 혈당치가 떨어진다. 따라서 나는 환자들에게 적절한 알코올 섭취를 권장하고 있다. 삼가야 할 것은 술자리 끝의 '해장라면'일 것이다.

그런데 한번 당뇨병에 걸리면 탄수화물을 아예 먹지 말아야 할까? 나는 그렇게 지도하지 않는다. ADA가 권장하는 식이요법에도 하루 최저 130g의 당질이 필요하다고 되어 있으며, 적절한 탄수화물 섭취는 중요하다. 애초에 일본의 식생활에서 탄수화물을 먹지 않기란 거의 불가능할뿐더러 좋아하는 음식을 먹을 수 없다면 너무 괴롭지 않을까.

중요한 것은 의사의 지도를 분명히 받아 탄수화물이 혈당치에 미치는 영향을 숙지한 후 식생활을 잘 조절하는 것이다. 그러기 위해 나는 먼저 혈당치 자가 측정을 습관화하도록 권하고 있다. 측정을 하려면 채혈이 필요하지만 요즘은 그리 아프지 않게 간단히 측정하는 기계가 있다. 인슐린 주사가 필요한 경우가 아니면 보험 적용이 되지 않지만 누구든지 의료 기관이나 약국에서 구매가 가능하다.

또 혈당치 상승을 막기 위해서는 역시 운동이 좋다. 그것도 걷기 운동 정도로 충분히 효과가 있다. 60세 남성 D씨는 식후 15분간 걷기를 습관화했다. 자가 측정에 따르면 밥을 먹고 나서 걷지 않았을 때의 혈당치는 174mg/dℓ이었지만 걸으면 118mg/dℓ밖에 되지 않았다고 한다. 빵을 먹고 나서 걷지 않았을 때는 214mg/dℓ이었지만 걸으면 121mg/dℓ로 떨어졌다. 이처럼 10분, 20분 정도 걷기만 해도 효과가 있다고 말하는 환자들이 많다. 다만 혈당치의 상승 속도는 의외로 빠르기 때문에 식후에는 시간을 두지 말고 바로 운동을 시작하는 것이 좋다. 가령 저녁에 외식을 했다면 음식점 문을 나서자마자 바로 걷기 시작해야 하는 것이다.

신약 등장으로 당뇨병 상식이 바뀐다

당뇨병을 조기에 발견하면 식이요법과 운동을 통해 병의 악화를 막을 수도 있다. 하지만 일단 췌장의 기능이 약화되면 인슐린 분비량을 늘리기 위해 약을 복용해야 한다. 증상이 더욱 진행되면 인슐린 주사를 직접 놓아야 한다.

2009년 말, 일본에서는 10년 만에 당뇨병 신약이 발매되었다. 바로 화제의 인크레틴 관련 약품이다. 인크레틴은 본래 사람의 체내에 있는 호르몬으로서 개개인의 혈당치에 따라 인슐린 분비를 조절하는 작용을 한다. 신약은 이 인크레틴을 체내에서 활성화시켜 혈당치를 적정 상태로 유지해 준다. 기존의 약처럼 혈당치를 낮추는 것이 아니기 때문에 저혈당 상태에 쉽게 빠지지 않는다는 점이 무엇보다 획기적인 부분이다.

또한 췌장의 기능을 회복시키는 작용이 있어, 경증인 경우는 당뇨병이 치료될 수도 있다는 말이 나오고 있다. 게다가 자연스럽게 식욕이 억제되므로 다이어트 효과도 있다. 서구에서는 이미 2006년부터 사용되고 있고 현재는 80개국 이상, 총 1,000만 명에게 처방되어 눈부신 효과를 거두고 있다.

먹는 약으로는 자누비아Januvia, 주사약으로 빅토자Victoza라는 이름으로 상품화되어 있고 최근 바이에타Byetta라는 주사약도 인허가가 내린 참이다. 과거 1~2개월간의 평균 혈당치를 나타내는 지표인 당화혈색소(헤모글로빈A1c) 수치로 비교해 보면 자누비아를 복용했을 때 1퍼센트, 빅토자를 복용했을 때 2퍼센트 정도 수치가 내려간다고 한다. 우리 진료소에서도 자누비아를 1개월 복용한 뒤 당화혈색소 수치를 8.3퍼센트에서 7.0퍼센트까지 낮추었다거나 인슐린 주사가 필요 없게 된 사람의 사례가 있어서 환자들에게 평판이 매우 좋다.

물론 효과에는 개인차가 있어서, 인슐린 자가 분비량이 이미 감소된 사람에게는 별로 큰 효과를 기대할 수 없다. 인슐린 분비가 전혀 없는 사람에게도 사용할 수 없다. 실용화까지는 길이 아직 멀지만 혈액 중의 포도당을 소변으로 배출시키는 약도 개발 중이다. 이전에는 생각 못했던 신약이 속속 탄생할 예정이다. 당뇨병은 현재로서는 한번 걸리면 고칠 수 없는 병이다. 하지만 그 상식이 뒤집어질 날이 언젠가 올지도 모른다. 그런 날이 오기를 기대한다.

11

뱃살을 조심할
시기는 지났다
중년과는 다른 노년의 식사법

대사증후군, 고지혈증 등을 조심해야 했던
중년기의 건강 상식을 노년기에 적용하면
위험하다. 영양결핍이 되지 않게
잘 먹어야 한다.

구즈야 마사후미(葛谷雅文)

1983년 오사카의과대학교를 졸업하고 1989년에 나고야대
학교 대학원 의학계 연구과를 졸업했다. 미국 국립노화연구
소 연구원을 거쳐 현재 나고야대학교 대학원 의학계 연구과
지역재택의료학 노년과학교실 교수이자 나고야대학교 의학
부 부속 병원 지역 제휴·환자상담센터 센터장으로 재직 중
이다. 일본노년의학회 이사, 일본재택의학회 이사 등을 맡
고 있다.

65세 이상 고령자의 총인구 비율이 21퍼센트를 넘으면 초고령사회라고 한다. 일본은 이미 2007년에 이 기준에 도달해 초고령사회에 진입했다. 60대까지는 아직 팔팔해서 흔히 겪는 질병도 중년과 크게 다르지 않다. 하지만 75세의 이야기를 들으면 서서히 고령자 특유의 변화가 나타나며 건강 면에서도 각종 문제가 발생하기 시작한다. 이 시기에 특히 주의해야 할 사항이 바로 영양결핍이다.

　　75세 이상의 이른바 후기 고령자는 영양결핍에 빠지기 쉽기 때문에 예방이 매우 중요하다. 실제로 자립해서 생활하고 있는 후기 고령자 중 영양결핍으로 진단받은 경우는 약 10퍼센트이다. 요양 등급은 받은 고령자 중에서는 30~40퍼센트가 영양결핍에 해당한다는 데이터가 나와 있으니 영양결핍은 우리 주변에서 생각보다 높은 빈도로 발생한다고 볼 수 있다.

대사증후군 예방 대책,
나이 먹어 시작하면 위험하다

75세 이상 후기 고령자가 영양결핍에 빠지게 되는 요인은 많지만 그중 대표적인 이유를 [표1]로 정리했다. 후기 고령자는 각종 만성 질환을 갖고 있는데 이 질병들이 원인이 되어 영양장애가 일어나곤 한다. 틀니가 맞지 않는 것만으로도 식사량이 줄어들기 때문에 구강 내의 문제는 특히 중요하다. 하물며 연하 장애(삼킴 곤란)가 있으면 일단 식사량을 충분히 채울 수 없다고 보아야 한다.

더 심각한 문제는 사회적 요인으로 인해 후기 고령자가 쉽게 영양결핍에 빠진다는 점이다. 예컨대 독신 생활은 영양이 부족해지기 쉬운 요인 중 하나이다. 혼자 살면 요리하기가 번거로워 적당히 때우게 된다. 혼자 먹는 밥은 잘 넘어가지도 않는다. 요양보호 대상자가 되어 적절한 돌봄이나 도움을 받지 않는 한, 십중팔구 영양결핍 상태에 빠진다.

이러한 신체적·사회적 요인 외에 최근 문제가 되는 요인이 있다. 중년기 건강을 위해 실천했던 식생활 습관을 노년기까지 지속한 까닭에 영양결핍에 빠지는 경우이다. 그중에서도 대사증후군은 잘못 알고 있는 사람이 많다. 대사증후군과 관련하여 비만, 특히 복부(내장)비만의 위험성이 가장 강조되지

[표1] 고령자가 영양결핍에 빠지는 원인

사회적 요인

빈곤
혼자 살기
돌봄 부족
고독감

질병

장기 부전(臟器不全)
염증 · 악성종양
약물 부작용
치과적 문제, 씹는 문제
연하 장애(삼킴 곤란)
일상생활동작 장애
동통
소화기관 문제(설사, 변비)

노화

후각 · 미각 장애
식욕 저하
(중추신경계 관련)

정신적 심리적 요인

인지기능 장애
잘못 삼킴
질식 공포

기타

음식 형태의 문제
비만에 대한 잘못된 인식
영양에 대한 잘못된 상식
(콜레스테롤, 육류에 대한 공포)

만 과연 75세를 넘긴 고령자에게 이런 기준을 똑같이 적용해도 될지 의문이다.

일반적으로 비만이나 마름은 신체질량지수[BMI, 체중(kg)÷신장(㎡)]를 지표로 평가되며, 이상적인 체격은 BMI 22kg/㎡로 정해져 있다. 그러나 고령자의 경우 이 BMI 수치보다 다소 높은 편이 더 건강하게 장수한다고 밝혀졌다. [그림1]은 최근 보고된 데이터인데, 일본인 고령자(65~75세까지) 남녀를 각각 약 11년간 관찰해서 조사 시작 시의 BMI 수치(등록 시의 BMI 수치)와 사망 위험도의 관계를 살펴본 것이다. 그림에서 상대 위험도란 BMI 수치가 20.0~22.9kg/㎡에 해당하는 사람들을 1.00으로 두었을 때 몇 배 더 사망하기 쉬운지를 나타낸 것이다.

그림에서 알 수 있듯 BMI가 30kg/㎡를 넘는 고도비만(특히 여성)의 경우에는 사망 위험도가 다소 높아지는 듯하나 BMI가 20.0~22.9kg/㎡를 넘는다고 해서 남녀 모두 사망 위험도가 그다지 높아지지는 않는다. 오히려 BMI 수치가 낮을수록 서서히 상대적인 위험도가 높아지는데, 16.0kg/㎡ 이하에 해당하는 사람은 20.0~22.9kg/㎡에 속하는 사람보다 남성은 1.78배, 여성은 2.55배나 더 사망 위험도가 높다. 이와 비슷한 결과는 이 데이터 말고도 다수 존재한다. 따라서 고령자들은 BMI가 30kg/㎡를 넘는 극단적인 경우가 아닌 이상 비만에

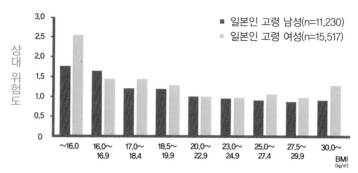

[그림1] BMI(신체질량지수)와 사망 위험도의 관계

BMI가 20.0~22.9kg/㎡일 때의 사망 위험도를 1.0으로 기준 잡았을 때 각 BMI 범주의 상대적인 위험도(11년간 시찰).
출전: Tamakosi A.et al., Obesity 18:362-369에서 발췌편집.

대해 크게 신경 쓸 필요가 없으며 오히려 마르는 것을 더 조심해야 한다는 결론이 나온다.

다만 오해 없이 받아들여야 할 부분은 BMI 수치는 어디까지나 체격 지수이므로 이 수치가 낮다고 해서 반드시 영양결핍이라고 단정할 수 없다는 사실이다. 중요한 것은 BMI의 변화, 즉 체중의 변화이다. 예를 들어 3개월간 체중이 3~4kg 이상 줄었다거나 할 때는 주의가 필요하다.

언젠가 외래로 나를 찾아온 82세 여성 환자분(BMI 27kg/㎡)은 자신을 고도비만이라 착각하고 있었다. 그분은 말했다. "물만 마셔도 살이 쪄요. 살이 안 빠져서 너무 걱정입니다. 하루에 두 끼만 먹고 야채 중심으로 식습관도 바꾸고 시판 다이어트 약까지 먹고 있는데요."

깜짝 놀란 나는 이렇게 말씀드렸다.

"말도 안 됩니다. 여든 넘으신 분이 그렇게 무리한 시도를 하면 오히려 기력이 떨어집니다. 식사를 지나치게 조절하지 마시고 세 끼 꼬박꼬박 드시고, 체중이 여기서 더 늘지만 않도록 신경 써 주세요."

실제로 나는 지금까지 고령자가 자기 식대로 체중감량을 하느라 오히려 건강을 해친 사례를 많이 보았다. 물론 당뇨병이나 지질이상증이 있다거나 변형성 슬관절증 같은 뼈·관절 질환이 있는 경우라면 문제가 다르지만, 일반적인 경우 고령자의 체중감량에는 주의가 필요하며 권장할 사항이 아니다.

가만히 있어도 나이가 들면 식욕이 떨어진다. 체중도 일반적으로 남성은 60대, 여성은 70대를 정점으로 서서히 줄어든다. 체중이 감소하는 요인은 다양하지만 나이 자체도 영향을 미치는 것으로 여겨진다. 이런 시기에 일부러 살을 빼기 위해 식사 제한을 하다니 터무니없는 일이다.

반복해 말하지만 자꾸 체중이 줄어든다 싶으면 건강의 적신호라 생각해도 좋다. 일주일에 한 번은 체중계에 올라가 자기 몸무게를 확인하도록 하자.

기름진 음식을
먹어야 하는 경우도 있다

생활습관병에 대해 강연했을 때의 일이다. 한 85세 여성이 나에게 오더니 자랑스럽게 이야기했다.

"선생님, 저는 20년쯤 전에, 다니던 병원에서 콜레스테롤이나 기름진 음식을 되도록 먹지 말라고 해서 그때부터 계속 계란이나 유제품을 안 먹고 있답니다. 물론 고기는 닭가슴살만 먹고요." 65세 때와 비교해 체중이 15kg 이상 줄었다고 한다.

물론 콜레스테롤은 동맥경화의 위험인자이다. 특히 나쁜 콜레스테롤인 LDL콜레스테롤(저밀도 지질단백질. 혈관 속에 쌓여 동맥경화, 고지혈증 등 심장질환과 성인병을 일으킴-옮긴이) 수치가 높으면 심근경색 등 허혈성 심장질환의 위험이 높아진다. 따라서 혈액 중 LDL콜레스테롤 수치를 낮추기 위해 식사 지도가 이루어지는 것이 보통이다. 일반적으로 의사는 동물성 지방의 섭취를 최대한 피하라고 권한다.

그러나 이것도 중년기까지의 이야기이다. 콜레스테롤 섭취로 인해 동맥경화가 발생할 위험도는 고령으로 갈수록 서서히 감소하며 후기 고령자에게는 영향력이 매우 낮다. 일본인을 대상으로 한 최근 연구에서는 오히려 LDL콜레스테롤 수치가 너무 낮으면 뇌출혈 위험이 생긴다고 보고되어 있다. 참고로 콜레스테롤 수치가 매우 낮을 경우 암에 걸리기 쉽다고 알려진 시기도 있었지만 최근 연구는 그 의견에 부정적이다.

앞에서 말한 85세 여성은 60대 때 의사에게서 들은 지시를 20년 동안이나 성실하게 지켜온 것이다. 그렇게 해서 건강하게 오래 살 수 있다면 상관 없다. 하지만 극단적으로 말해 이분은 동맥경화에 걸릴 위험에서 벗어난 대신 뇌출혈에 빠질 위험이 있다고도 말할 수 있다. 참으로 아이러니한 일이다.

그러면 기름진 음식은 어떨까? 동물성 지방은 분명 혈청 콜레스레롤 수치를 높이지만 후기 고령자에게는 효율성 높은 에너지원이 되기도 한다. 탄수화물, 단백질이 4kcal/g의 에너지를 내는 것에 비해 지방질은 9kcal/g의 에너지를 생산할 수 있으니 효율이 매우 높은 셈이다. 나는 영양결핍에 빠진 후기 고령자에게 되도록 요리에 기름을 사용하라고 권하기도 한다. 서서히 살이 빠지고 있는 사람에게는 기름도 필요한 법이다.

다만 이미 허혈성 심장질환 등을 앓고 있는 사람이라면, 동물성 지방 섭취는 물론이고 항상 주치의와 상담해야 한다.

노년에는 소박한 식사 대신 육식을

　마지막으로 소박한 식사가 몸에 좋다는 세간의 상식을 살펴보자. [그림2]를 보면 사람의 팔다리 골격근은 20대에 정점을 찍고 나이와 함께 위축되어, 70세의 근육량은 20대의 60~70퍼센트 정도로 줄어드는 것을 알 수 있다.

　[그림3]은 25세와 75세인 사람의 대퇴부를 MRI로 촬영한 단면도이다. 75세의 경우, 골격근량이 감소하여 지방으로 바뀐 모습을 뚜렷이 알 수 있다. 단백질이 합성보다 분해가 더 많아지면 골격근 조직을 구성하는 관절 세포가 줄어들거나 개개의 근세포가 위축되어 버린다. 그 결과 근육량이 서서히 소실되고 근력도 저하된다. 이런 현상을 사르코페니아(노인성 근육 감소증 또는 '근감소증')라 한다.

　근감소증에 걸리면 고령자는 다리가 후들거리거나 넘어지기 쉽다. 또한 근감소증은 당뇨병의 원인이 되는 인슐린 저항성(인슐린이 정상적으로 작용하지 않게 된 상태. 인슐린 저항성이 있으면 혈당치가 내려가지 않는다)과도 관계가 있다고 밝혀졌다.

　근감소증에 걸리는 원인에 대해서는 신체 활동의 저하, 산화 스트레스(체내 활성산소가 많아져 생체 산화 균형이 무너진 상태—옮긴이), 호르몬 변화 등 여러 가지 설이 있으나 어느 것도 확실히 증명되지는 않았다. 하지만 근육 단백질은 근육으

[그림2] 나이에 따른 신체 변화

[그림3] MRI로 촬영한 25세와 75세의 대퇴부

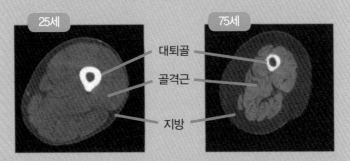

25세와 75세의 대퇴부 MRI 촬영 사진. 한가운데 하얀 원형(안이 회색)이 대퇴골이
며 그 주변의 회색 부분이 대퇴의 골격근, 그리고 그 바깥(약간 검은색 부분)은 지
방이다. 75세의 골격근은 25세에 비해 감소하고 그 대신 지방량이 늘어난다는 점을
뚜렷이 알 수 있다.

Roubenoff R Journal of Gerontology: MEDICAL SCIENCES 2003, Vol.58A,No.11,1012-1017에
서 발췌

로 공급되는 아미노산으로 만들어지기 때문에 아미노산의 원천인 고기 등의 단백질을 충분히 섭취하는지 여부가 핵심이라고 생각된다.

나이가 들면서 식사 내용이 달라지고 산뜻한 음식으로 취향이 바뀌기 쉽다. 젊었을 때에 비해 고기보다 생선을 많이 먹게 되었다는 노인도 많다. 생활습관병 예방에 대해 어설픈 지식을 가진 경우, 고기를 먹는 것 자체가 건강에 나쁘다고 여겨 의식적으로 육류를 피하는 고령자가 있는데, 최근 유행하는 소박한 식사도 이런 현상을 가중한다. 전문가들이 불필요하게 식사를 제한하거나 잘못된 식생활을 지도하는 점도 영향을 미치는 듯하다.

후생노동성이 발표한 '일본인의 식사 섭취 기준'에 따르면 고령자의 단백질 평균 필요량 추정치는 체중 1kg당 하루 0.85g이다. 예를 들어 체중이 60kg인 사람은 하루에 51g의 단백질이 필요하다. 그런데 현실에서 고령자의 단백질 섭취량은 권장량보다 20~40퍼센트 정도 적다고 한다. 즉 60kg인 고령자라면 단백질이 하루에 15g 정도 부족하다는 말이다. 단백질 섭취를 늘리는 것만으로 근육량이 증가하는지 아닌지는 논의의 여지가 있지만, 어느 정도 근육 소실을 예방하는 역할은 할 수 있을 것이다.

미국·유럽의 지역 고령자 관찰연구[the Health, Aging, and

Body Composition (Health ABC) Study]에서는 단백질 섭취량이 많을수록 골격근량 저하율이 낮다고 보고되어 있다. 가만히 있어도 근육량이 감소하기 쉬운 고령자가 현상을 유지하려면 체중 1kg당 하루에 0.85g으로는 부족하고 1.0~1.3g 정도의 섭취가 필요하다는 지적도 있다. 나이가 들수록 야채 위주로 담백한 식사를 해야 한다고 생각하기 쉽지만 육즙이 뚝뚝 떨어지는 스테이크까지는 아니더라도 고기를 좀 더 먹는 습관은 중요하다.

12

성격까지 바꾸는
호르몬 변화

호르몬 균형 회복과 자가진단법

여성뿐 아니라 남성에게도 갱년기가 온다.
성호르몬이 감소하면 혈관 장애나 우울증,
나아가 치매의 위험성까지 높아진다.

아키시타 마사히로(秋下雅弘)

1960년생. 도쿄대학교 의학부를 졸업했고 현재 도쿄대학교 대학원 의학계 연구과 노년의학 부교수로 재직 중이다. 치매 및 노화에 관해 꾸준히 연구하며 다수의 책을 펴냈으며, 국내에는 『남자의 마흔』이라는 책이 번역되어 있다.

왠지 모르게 몸이 항상 무겁다. 잠이 안 온다. 어깨 뭉침이 심하다. 좀처럼 피로가 가시지 않는다. 이런 증상을 바빠서라든가 나이 탓으로 돌리며 방치하는 중년·노년 남성이 매우 많다. 물론 과로나 나이 때문에 발생하는 증상일 수도 있다. 하지만 이런 증상이 장기간 지속된다면 남성호르몬 저하에 따른 갱년기 장애를 의심해 볼 필요가 있다.

갱년기는 여성에게만 발생하는 특유의 현상으로 오랫동안 여겨져 왔다. 그러나 최근에는 남성에게도 갱년기라 부르는 시기가 존재한다는 사실이 서서히 알려지고 있다. 남성호르몬 테스토스테론의 양이 감소하면서 흔히 말하는 발기부전뿐 아니라 대사증후군이나 심장질환 계통 질병의 위험성이 증가하기도 한다. 우리가 연구한 바에 따르면 더욱 심각한 증상도 발견되었다.

이전에 근무하던 대학병원에서 건망증 외래진료를 받던 남성 환자를 대상으로 인지기능 테스트 결과와 혈중 호르몬 농도를 3년 동안 지속적으로 검사한 적이 있다. 그 결과 테스토스테론 농도가 낮아진 사람일수록 치매가 쉽게 진행된다는 사실이 드러났다. 일반적으로 남성 갱년기 장애는 대부분 45~65세를 중심으로 발생한다고 알려져 있다. 하지만 테스토스테론은 그 이후에도 나이가 들며 계속 감소한다. 심한 피로와 우울감으로 고생하는 갱년기가 끝나도 안심할 수 없다는 말이다. 오히려 진짜 위기는 그 후에 찾아온다고 해도 과언이 아니다. 이 위기는 갱년기를 지난 여성에게도 적용된다.

성호르몬과 신체기능, 인지기능의 관계에 대해 자세히 이야기하기 전에 먼저 성호르몬에 대해 알아보자. 성호르몬에는 남성호르몬과 여성호르몬이 있다. 남성호르몬은 안드로겐이라고도 불리며 정소에서 만들어진다. 앞서 말한 테스토스테론도 안드로겐의 일종이다. 한편 주요 여성호르몬은 에스트로겐인데 이는 난소에서 만들어진다.

이 정도는 이미 알고 있는 독자도 많을 것이다. 그러면 이건 어떨까. 세간에 의외로 알려져 있지 않은 내용인데, 남성 체내에서도 여성호르몬이 만들어지고 여성 체내에서도 남성호르몬이 만들어진다는 사실이다. 여성의 난소에서 안드로겐이 생성되고 남성의 정소에서도 에스트로겐이 생성되고 있

여성에게도 남성호르몬이, 남성에게도 여성호르몬이 분비된다

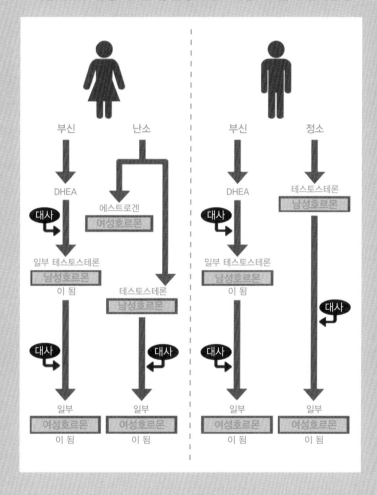

다. 남녀 모두 체내에서 동일한 호르몬이 분비되고 있는 셈이다. 물론 그 비율에는 차이가 있다. 예를 들어 여성의 체내에 분비되는, 안드로겐의 일종인 테스토스테론은 남성의 10분의 1 정도 되는 양이다. 젊은 여성의 경우는 좀 더 많이 분비되는 사람도 있지만 그래도 남성의 3분의 1 정도이다.

또한 남성 체내에는 에스트로겐의 일종인 DHEA(디하이드로에피안드로스테론)이라는 호르몬이 분비되고 있다. 이 호르몬도 남성이 더 분비량이 많고 여성은 남성의 절반 정도이다. 실제로는 이 외에도 구조체가 다른 호르몬이 여럿 있지만 이번 주제에서는 남성호르몬인 테스토스테론, 부신에서 생산되는 DHEA, 그리고 여성호르몬인 에스트로겐 이 세 가지가 중심이 되므로 이 셋의 이름을 알아두면 좋을 것이다.

특히 노화 방지와 관련하여 테스토스테론과 DHEA가 요 몇 년간 주목받고 있다. 미국의 국립노화연구소가 진행한 조사에 따르면 장수한 사람의 신체에는 세 가지 공통된 경향이 있다고 한다. 바로 다음과 같은 것들이다.

■ 혈액 중 인슐린 농도가 낮다.
■ 저체온이다(대사가 저하되어 활동이 억제되므로 여분의 에너지를 쓰지 않아도 된다).
■ DHEA 분비가 많다.

이 조사 이후 DHEA와 장수의 관계에 관심을 갖고 연구를 시작한 사람이 많이 생겨난 것도 사실이다.

목소리에 힘이 없고
부정적인 사람을 주의해야 한다

남성의 테스토스테론은 30대부터 서서히 감소된다. 여성의 에스트로겐은 40대 초반 정도까지는 어느 정도 유지되지만 그 후에는 폐경과 함께 분비량이 급격히 뚝 떨어진다. 이 표현이 너무 심한 것 같지만 그래프를 보면 한눈에 알 수 있다. 폐경 후에는 에스트로겐이 제로까지는 아니라도 극히 미미한 양까지 감소된다. 사람에 따라 동년배 남성보다 에스트로겐이 더 적은 경우도 있을 정도이다. 한편 부신에서 생산되는 DHEA 호르몬은 남녀 모두 완만한 곡선을 그리면서 서서히 줄어든다.

성호르몬이 감소하면 어떤 변화가 일어날까? 여성의 경우는 핫 플래시라고 불리는 발한이나 안면홍조가 전형적인 갱년기 장애 증상으로 알려져 있다. 에스트로겐이 감소하면서 혈관 수축이 제대로 조절되지 않아 발생하는 증상이다. 그에 비해 남성은 여성처럼 급격히 땀이 나거나 하는 경우가 별로 없고 호르몬 저하로 발생하는 증상이 여성처럼 뚜렷하지 않다.

오랜 기간 호르몬 연구를 해온 나로서는 얼굴을 보고 이야기만 해도 그 사람의 호르몬 수치가 높은지 낮은지 대강 알 수 있다. 예를 들어 '이 사람은 테스토스테론이 낮구나' 하고 느껴지는 남성에게는 다음과 같은 공통점이 발견된다. 눈에 힘이 없고, 피부색이 어두우며 만사에 의욕이 없다. 목소리에 활기가 없고 말하는 내용도 부정적이며 자신감이 없다. 이런 사람은 우울증 증상이 서서히 나타나는 것으로 보이며 실제로 테스토스테론 수치를 측정해 보면 수치가 상당히 떨어져 있다.

우울증만이 아니다. 테스토스테론이 감소하면 대사증후군에 걸리기 쉽다는 사실도 분명히 밝혀져 있다. 테스토스테론이 체내에서 작용하지 못하도록 인공적으로 막아놓은 쥐로 실험한 결과, 쥐가 어느 정도 나이를 먹을수록 내장지방이 늘어 비만이 된다는 연구 결과가 나왔다. 즉 테스토스테론이 작용하지 않기 때문에 활동이 활발하지 않고 체내의 칼로리가 연소되지 못하니 그 결과 살이 찌는 것이다.

테스토스테론이 감소하면서 생기는 다양한 증상을 다시 한번 정리해 보자. 먼저 비만, 고지혈증, 당뇨병, 골다공증, 근력 저하 같은 생활습관병 및 발기부전 등의 성기능 저하가 나타난다. 테스토스테론이 더욱 감소하면 심장동맥(관상동맥)질환, 뇌혈관질환 등의 장기 장애, 최종적으로는 치매나 몸겨

남성호르몬 감소로 발생하기 쉬운 남성의 증상과 질병

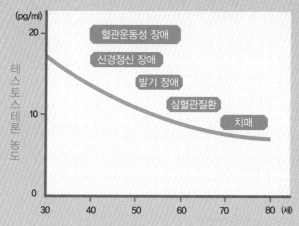

여성의 폐경과 달리 증상이 나타나는 시기는 개인 차가 크다.
「남성에게 있어 테스토스테론(T) 농도의 저하와 질환」

여성호르몬 감소로 발생하기 쉬운 여성의 증상과 질병

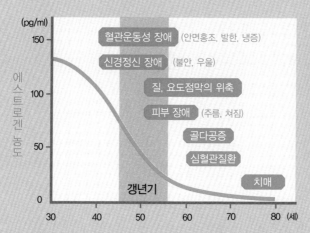

「폐경에 동반되는 혈중 에스트로겐(E₂)농도의 변화와 질환」(Van Keep, 1973)

눕는 상태 등 일상생활에 장애가 온다. 앞에서 말했듯이 원인 모를 불면이나 권태감이 오래 지속되어 신경 쓰이는 사람은 병원에서 호르몬 농도를 한번 측정해 볼 필요가 있다.

호르몬 농도는 혈액 검사로 금방 알 수 있다. 테스토스테론 저하로 다양한 증상이 나타나고 있다고 판명되면 그것이 곧 LOH증후군(남성 갱년기증후군)이며, 남성 갱년기 외래나 일부 비뇨기과에서 남성호르몬 보충 치료를 받을 수 있다. 실제로 대사증후군 때문에 진찰받으러 왔다가 호르몬 측정 결과 LOH증후군으로 진단받은 남성들이 꽤 있다.

한때 남성 갱년기 외래라 하면 발기부전 치료라는 인식 때문에 병원 가기를 꺼리는 사람이 많았다. 하지만 요즘에는 생활습관병과의 관계가 명확해졌기 때문에 예전에 비해 거부감을 느끼는 사람이 줄었다. 그래도 병원까지 가는 발길이 잘 안 떨어진다는 사람들을 위해 간단히 남성 갱년기 장애를 자가진단할 수 있는 점검표(AMS질문표)를 소개하니 먼저 이 질문에 답해 보도록 하자. 오른쪽의 17가지 항목이다.

갱년기 자가진단 점검 결과는 어디까지나 일반적인 기준이므로 정확한 진단을 바라는 사람은 꼭 전문의와 상담하도록 하자.

한편 테스토스테론이 감소하는 원인 중에는 나이뿐 아니라 스트레스도 있다고 한다. 뇌가 강한 스트레스를 느끼면 테스

남성 갱년기 장애 점검표

1. 전체적으로 몸 상태가 좋지 않다.

2. 관절이나 근육에 통증이 있다

3. 땀이 심하게 난다.

4. 밤에 잠을 잘 못 잔다.

5. 자꾸 졸리고 피로를 자주 느낀다.

6. 안절부절 못하고 마음 졸일 때가 많다.

7. 신경질적으로 변했다.

8. 불안하다.

9. 몸이 피곤하고 행동력이 떨어졌다.

10. 근력이 떨어졌다.

11. 기분이 우울하다.

12. 인생의 절정기는 이미 지났다는 생각이 든다.

13. 기력이 다해 밑바닥이라고 느껴진다.

14. 수염이 자라는 속도가 느려졌다.

15. 성(性)적 기능이 쇠퇴했다.

16. 아침 발기의 횟수가 줄어들었다.

17. 성욕이 떨어진 것 같다.

아니다=1점, 약간 그렇다=2점, 그렇다=3점, 심각하다=4점,
매우 심각하다=5점
*총 합계가 37점 이상이면 중도~고도의 LOH증후군일 가능성이 높다.

토스테론 분비를 자극하는 호르몬이 억제되어 테스토스테론이 감소한다는 구조이다.

이에 비해 여성의 에스트로겐이 감소하는 원인은 주로 노화에 따른 것이다. 여성의 경우도 남성과 마찬가지로 에스트로겐이 감소하면서 발한이나 얼굴 화끈거림 같은 혈관운동 장애 외에 불면증이나 우울감 등의 신경정신 장애, 주름과 처짐 등 피부 장애, 골다공증, 나아가 질이나 요도점막의 위축, 고혈압, 심혈관질환(심장병 및 동맥경화), 비만 등 다양한 증상이 나타난다. 그리고 최종적으로는 남성과 마찬가지로 치매가 발생할 위험도 생긴다.

호르몬을 늘리는
아주 간단한 방법

미국에서는 1990년대부터 노화 방지에 유망한 치료법으로서 폐경기 여성에게 에스트로겐을 보충하는 '호르몬 대체 요법(HRT)'이 주목받았다. 그런데 2000년대에 들어 발표된 연구 결과로는 HRT를 장기간에 걸쳐 시행한 경우 유방암이나 심장동맥질환, 뇌졸중, 치매 발생률이 높아진다고 한다. 그때까지 '꿈의 치료제'라 여겼던 여성호르몬에 대한 기대는 좌절되고 말았다.

이를 계기로 나는 다시 한 번 호르몬에 대해 조사해 보기로 했다. 여기서 주목한 것이 바로 남성호르몬인 테스토스테론이다. 지금까지 테스토스테론이 치료약이나 예방약으로 고려되었던 적은 거의 없었는데 어쩌면 이 호르몬에서 뭔가 새로운 효과를 발견할 수 있을지도 모른다고 생각한 것이다.

고령자는 인지기능 저하나 근육 감소, 골절 등으로 요양보호가 필요한 상태에 빠지는 경우가 많다. 테스토스테론은 알다시피 도핑 대상이 되기도 하는 근육 증강 호르몬으로, 근육을 강화하고 뼈를 튼튼히 한다.

그래서 국내 노인시설 및 병원의 협력을 얻어 총 900명의 고령자를 대상으로 남성호르몬과 인지기능 및 생활동작, 여러 가지 질병과의 관계를 3년에 걸쳐 조사해 보았다. 그중 일부 남성에게는 테스토스테론, 여성에게는 같은 안드로겐의 일종으로 테스토스테론보다 조금 약한 DHEA를 복용하도록 했다. 일본에서는 아직 테스토스테론이나 DHEA 내복약이 발매되지 않기 때문에 해외에서 사용되는 제품을 연구용으로 수입했다. 물론 고령자에게는 안전 문제가 있을지 몰라, 남녀 모두 투여량을 통상의 절반으로 낮추어 진행했다.

그러자 어떤 결과가 나왔을까? 테스토스테론이나 DHEA를 복용한 사람들은 치매 증상이 개선되거나 진행이 느려진다는 사실이 드러났다. 특히 테스토스테론을 투여한 남성 집단은 6개월 만에 모든 항목의 인지기능 테스트 결과가 1~2점가량 상승했다. 1~2점으로 효과를 말하기는 어렵지 않느냐고 말할 법도 한데, 이 점수는 현재 알츠하이머 치료약으로 사용되는 아리셉트의 효과와 같은 정도이다. 즉 나름대로 효과가 있다고 충분히 말할 만하다.

인지기능 테스트로는 일반적으로 치매 정도를 진단하기 위해 채용되는 하세가와식 검사나 MMS 검사를 시행했다. 그 결과 두 검사에서 모두 '지연재생' 항목의 점수가 올랐으며, 뚜렷한 개선 효과가 나타났다. 지연재생이란 예를 들어 '벚꽃, 고양이, 전철'이라는 서로 다른 부류의 단어들을 외우게 한 뒤 전혀 다른 작업을 시켰다가 다시 그 단어들을 떠올리게 하는 과제이다.

한편 DHEA를 투여한 여성 그룹에서는 인지기능만 상승했을 뿐 아니라 일상생활의 동작에서도 큰 향상을 보였다. 여성 고령자는 남성보다 근력 저하나 뼈의 약화가 두드러지기 때문에 운동 능력이 떨어지기 쉬운데, 호르몬 투여를 계속한 결과 계단 오르내리기가 이전보다 편해졌다는 사람도 있었다.

호르몬 투여 대신 매일 운동하는 것도 상당히 효과가 있음이 밝혀졌다. 주로 60세 이상의 대상자에게 스트레칭과 가벼운 근력 운동을 매일 30분, 3개월간 지속하도록 했더니 테스토스테론 및 DHEA의 농도가 상승해 운동기능과 인지기능 테스트의 점수가 올라갔다.

호르몬제를 시중에서 쉽게 구할 수 없는 상황을 생각하면 우리가 호르몬 저하의 예방책으로 손쉽게 시행할 수 있는 방법은 운동이라는 결과가 나온다. 매일 적당한 운동을 실천하면 근육이 증가할 뿐 아니라 칼슘이 뼈에 잘 달라붙게 하는 효과도 있다. 또한 운동은 뇌세포를 활성화시키기 때문에 치매 예방으로도 이어진다. 기본으로 돌아가 적절한 운동을 하면서 생활습관을 고쳐나가는 것이 결국 몸에도 뇌에도 가장 중요한 건강법이라 할 수 있다.

앞으로는 이런 호르몬 증가에 도움이 되는 식사에 대해서도 연구하려고 한다. 지금까지 시행한 기초 연구를 통해 한국 인삼 성분에 테스토스테론과 같은 작용이 있다는 사실을 밝혀냈다. 그 성분은 세포 내에서 일산화질소(혈관확장물질)를 만드는 산소를 활성화시켜 혈전을 억제하는 작용을 한다.

갱년기이니까 어쩔 수 없다고 내버려두면 나중에 더 큰 시련이 찾아올지 모른다. 호르몬 수치를 높여 갱년기와 그 후의 위기를 밝게 극복해 나가기를 바란다.

13

발기부전은
큰 병의 신호다

심혈관질환 적신호를 알아차리기

50대 2.5명 중 1명꼴로 나타나는 발기부전.
나이 탓이니 어쩔 수 없다고 방치하면
되돌릴 수 없는 상태가 될지 모른다.

마루모 겐(丸茂 健)

1976년 게이오대학교 의학부 졸업. 게이오대학교 의학부 조교수, 도쿄치과대학교 이치가와 종합병원 비뇨기과 교수 등을 역임했고 현재 도쿄에 있는 마루모 신장·비뇨기과 클리닉 원장이다.

54세의 사사키(가명) 씨는 같은 회사에 근무하는 여사원과 도쿄 롯본기 사거리 근처 호텔방에서 와인을 주문한 채 쉬고 있었다. 그때 갑자기 지병인 늑간신경통과 비슷한 느낌의 통증이 느껴졌다. 증상은 평소보다 심해져 15분 정도 지나니 온몸에 생각대로 힘이 들어가지 않고 누워 있어도 상태가 호전되지 않았다.

　택시를 불러 신주쿠 구 내의 대학병원 응급실로 갔다. 심전도와 흉부 엑스레이 검사, 혈액검사 결과, 심근경색이 의심되니 즉시 입원하라는 진단이 내려졌다. 지금껏 일주일에 두 번씩 스쿼시로 땀을 낼 정도로 체력에 자신 있던 그였다. 아내와의 부부 생활은 한 달에 두 번을 유지하고 있었지만 3년 전부터 관계 도중 중요 부위가 딱딱하게 유지되지 못하고 중도에 힘이 빠지는 일이 잦아졌다.

이와 같은 심장 발작에 대해 전 도쿄도감찰의무원 원장 우에노 마사히코 씨는 「성행위와 심혈관 사고의 관계」에서 다음과 같이 서술하였다.

"관상동맥경화 같은 잠재적 질환을 가진 사람이 평소와 다소 다른 환경 변화(음주, 호텔, 애인, 큰 연령차)로 정신적 흥분이 고조된 상태에서 성교로 인한 흥분과 소비를 일시에 겪게 되면 잠재적 질환이 나타날 위험이 있다. 또한 성교사(이른바 복상사)는 성교 도중에 일어난다고 생각하기 쉽지만 심장사의 경우 행위 도중에 사망하는 일이 의외로 드물다. 행위 후 수 시간이 지난 취침 중에 갑자기 발생한다."

고혈압, 동맥경화, 발기부전으로 이어지는 연쇄작용

발기부전은 생명을 위협하는 질병은 아니지만 환자의 성생활, 생활의 질, 때로는 사회생활에도 심각한 영향을 미친다. 발기기능은 다양한 요인에 영향을 받는다. 예를 들면 스트레스, 우울증 등의 심인성 요인, 노화에 따른 호르몬 환경 변화와 음경 구조의 변화, 고혈압, 당뇨병 등 각종 질병 그 자체 또는 이 질병들을 치료하는 데 사용되는 약제 등이다. 흡연,

과도한 알코올 섭취, 치우친 식생활 등에 의한 고지혈증 같은 생활습관병도 발기기능에 악영향을 미치는 요인으로 간주된다.

병원의 발기부전 외래에서 50세 이상의 발기부전 환자 100명을 진찰한 결과 19명이 고혈압증에 걸려 있었다. 또 60세 이상의 남성 460명에게 설문조사한 결과 고혈압증의 발생 빈도는 나이가 들면서 증가했다. 혈압이 높은 사람은 혈압이 정상인 동년배에 비해 약 3배 높은 비율로 고도 발기부전을 겪고 있었다. 병력을 집계하니 발기부전을 일으키는 가장 많은 질환 중 하나가 고혈압증이라는 사실도 발견되었다.

발기가 일어나려면 남성이 성적으로 흥분했을 때 음경해면체에 충분한 혈액이 유입되어야 한다. 그런데 고혈압 증상이 수년간 방치되면 전신을 둘러싼 동맥에 압박이 가해져 혈관이 손상되면서 동맥경화가 일어난다. 이 경우 혈관의 내경이 좁아져 음경으로 충분한 혈액을 보낼 수 없게 된다. 음경해면체에 혈액을 채우지 못한 까닭에 발기가 충분히 단단하게 유지되지 못하는 것이다.

생활습관병 가운데에 발기부전의 원인 질환으로 잘 알려져 있는 것이 당뇨병이다. 뇌에서 성적 자극이 발생하고 그 자극이 척수를 지나 말초신경(자율신경)을 통해 음경에 도달하면 음경해면체에 유입되는 혈액이 증가하여 발기가 일어난다.

그런데 당뇨병 때문에 말초신경이 장애를 일으키면 뇌에서 발생한 발기를 지령하는 자극이 음경에 제대로 도달하지 못한다. 그 때문에 발기가 제대로 일어나지 못하는 것이다. 당뇨병 환자는 신경 장애뿐 아니라 동맥경화도 같이 앓고 있는 경우가 많아 이 또한 발기부전의 원인이 된다. 여러 논문을 참조하면 당뇨병 환자의 약 30퍼센트가 발기부전을 겪는다고 한다.

원인불명의 발기부전은 심혈관질환을 의심해 볼 수 있다

심근경색 징후 중 하나로 협심증이 있다. 갑자기 가슴이 아프거나 등이 아프다가 몇 분 내에 진정되는 것이 주요 증상이다.

협심증은 관상동맥의 혈관 벽에 콜레스테롤이나 백혈구 등으로 된 플라크가 쌓여 관상동맥이 좁아지면서, 심장이 필요로 할 때 심근으로 가야 할 혈류가 원활히 도달하지 못해 발생한다. 그렇지만 심근경색에 걸린 환자 중 협심증을 겪었다는 사람은 반수도 되지 않는다고 알려져 있다.

오히려 최근에는 심근경색의 징후로 발기부전이 거론되고 있다. 미국 자료에 따르면 심근경색 환자 131명을 인터뷰 했을 때 그중 64퍼센트의 환자가 이전부터 발기부전을 자각하고 있었다고 한다. 그 밖에도 60세 이상의 남성을 대상으로 시행한 조사에서는 심근경색에 걸린 적이 있는 사람 중 59퍼센트가 발기부전이었는데 심근경색 병력이 없는 사람 중에 발기부전의 비율은 35퍼센트뿐이었다고 한다.

심장이 혈액을 내보내는 펌프 역할을 하기 위해서는 심근으로 충분한 혈액이 공급되어야 하고, 음경이 발기를 유지하기 위해서도 음경해면체 조직으로 혈액이 충분히 공급되어야 한다. 그러나 이 두 조직으로 혈액을 운반하는 혈관의 두께는 같지 않다. [그림1]에서 보듯이 체내에는 두께가 각기 다른 혈관들이 있다. 고혈압이고 혈중 콜레스테롤 수치가 높거나 당뇨병 등의 위험인자를 갖고 있는 사람은 가는 혈관이나 두꺼운 혈관에 모두 플라크가 쌓여 내강이 좁아진다.

그런데 그림 오른쪽에서 볼 수 있듯이 음경동맥의 50퍼센트가 플라크로 막혀서 발기부전이 발생한 상황이라도 동일한 양의 플라크가 쌓인 관상동맥에서는 협심증이 발생할 만큼 폐색이 일어나지 않는다. 관상동맥은 음경동맥보다 혈관이 두꺼워 아직 내강에 여유가 있기 때문이다. 따라서 음경동맥이 먼저 막히고 나서 수년 뒤 관상동맥도 막히면서 심장마비(심근경색, 협심증) 증상이 발생할 위험이 있다. 다만 플라크 파열로 생긴 혈전이 관상동맥을 갑자기 막아서 심근경색이 발

[그림1] 발기부전 증상이 나타나고 몇 년 뒤가 위험한 이유

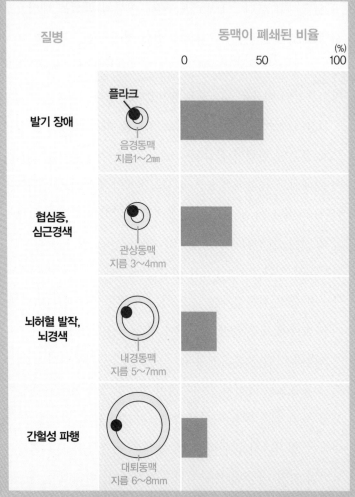

음경동맥이 플라크로 인해 50퍼센트 폐색되어 발기부전 증상이 발생했을 때, 좀 더 두꺼운 관상동맥에서는 폐쇄 비율이 낮기 때문에 심근경색 등의 증상이 아직 나타나지 않는다.

「동맥경화와 질병 증상 발현의 가설」 Montorsi P, European Urology, 44:352~354, 2003에서 발췌편집.

생하는 경우는 예외로 본다.

1999년과 2004년에 순환기과와 비뇨기과 전문의가 프린스턴 대학에서 회의를 열어 의견 일치를 본 사항에 대해 '프린스턴 합의'를 공표했다. 그 내용 중 하나로, 원인불명의 발기부전 환자를 진찰했을 때는 설령 그때까지 심장질환 증상이 없었던 경우라도 심장이나 혈관 질병을 염두에 두고 관찰하도록 제안하는 항목이 있다.

발기부전 자각으로
큰 병을 막자

그러면 발기부전 증상이 있는 사람은 모두 순환기 전문의의 진찰을 받아야 하는 것일까? 유감스럽지만 일본에서는 아직 그렇게까지 의료체계가 정비되어 있지 않다. 고혈압이나 흡연 등의 심혈관질환 위험 인자를 가진 사람은 먼저 자구책으로 직장 내 산업의(직장에서 노동자의 건강을 관리하는 의사―옮긴이)나 건강검진을 통해 진단을 받고 거기서 순환기 이상이 발견되었을 때 전문의를 소개받기를 권한다.

참고로 프린스턴 합의에서는 관상동맥질환이 있어도 성관계 때 위험도가 낮은 경우로서 다음과 같은 조건을 들고 있다.

■ '고혈압, 당뇨병, 비만, 흡연, 지질이상증, 좌식 생활, 젊은 나이에 발병한 관상동맥질환 가족력' 등의 위험인자 가운데 해당되는 것이 총 2개 이하인 경우
■ 고혈압이 잘 조절되고 있는 경우
■ 심근경색에 걸린 사람이라면 발작한 지 6주 이상 지났고 부하심전도에서 이상이 없는 경우
■ 심장병이 있다면 경증인 경우

이 조건에서 벗어나면 중도 혹은 고도 위험 범위에 들어가므로 치료를 통해 위험도가 낮아질 때까지 성관계를 피해야 한다는 것이다.

발기부전 환자가 경구 치료제인 비아그라Viagra, 레비트라Levitra, 시알리스Cialis를 사용해도 심근경색, 뇌경색 증상이 나타나거나 그에 따른 사망 위험이 증가하지 않는다는 보고가 있으나 이 약들을 사용하는 것은 대단히 주의할 필요가 있다. 협심증 환자에게 주로 처방되는 질산제(니트로글리세린 류)와 이 약들을 병용하면 혈압을 현저히 저하시켜 생명이 위험해질 수 있기 때문이다.

'나이 탓'이라든가 '피곤해서 그럴 뿐'이라며 발기부전을 인정하고 싶어 하지 않는 사람이 상당히 많다. 하지만 지금까지 말했듯이 발기부전을 자각함으로써 순환기 질환이나 당뇨병

을 발견하는 일도 있다. 질환이 발견되면 나쁜 콜레스테롤을 줄이고 혈압을 조절하는 등 적절한 치료를 통해 심근경색, 뇌경색, 뇌출혈 등의 발생을 미리 막을 수가 있다.

그러면 이런 치료로 발기부전 그 자체를 회복할 수 있을까? 이 점에 대해서는 의견이 엇갈린다. 금연, 고혈압과 고지혈증 치료, 적절한 운동 등으로 발기기능을 개선했다는 연구 보고가 있는 반면, 이를 부정하는 보고도 있다. 지금까지 쌓아온 생활습관 때문에 혈관 장애가 진행된 것이어서 동맥이 받은 손상을 회복시키기에는 너무 늦었을지도 모른다. 증거가 모두 나오기까지는 좀 더 시간이 걸릴 것이다. 일단 지금할 수 있는 일은 원인이 불분명한 발기부전을 방치하지 말고 전문의와 상담하는 것이다. 그럼으로써 생명에 관련된 큰 병을 미리 막을 수 있다.

14

누구에게도
물어볼 수 없는
성과 사랑

중년 이후 성생활에 대한 놀라운 보고

60세 이상의 약 50퍼센트가 '현역'.
10여 년간 노년의 연애와 성을 추적한
논픽션 작가가 노년의 성생활 현장을
생생하게 보고한다.

고바야시 데루유키(小林照幸)

1968년생. 논픽션 작가. 1999년 『따오기의 유언』으로 논픽션 분야의 아쿠타가와상 또는 나오키상으로 불리는 오야 소이치 논픽션상을 수상했다. 국내에 번역된 『노년의 성혁명』, 『앞은 못 봐도 정의는 본다』 외에 다수의 책을 펴냈다.

1998년 당시 서른이었던 나는 신슈대학교에 학사 편입하여 노인복지 관련법을 공부하고 있었다. 특별요양 노인홈에서 일주일간 요양 봉사를 하면서 노인들에게 마지막 거처인 그곳이 '인생 최후 만남의 장'이기도 하다는 사실을 알게 되었다.

가족과 떨어져 외로움을 느끼던 입소자들은 이성을 의식하면서 표정이 밝아진다. 식욕도 생기고 재활 치료에 긍정적으로 임하는 등 시설 내에서 행동이 적극적으로 바뀌는 효과도 있다고 들었다. 좋아하는 이성이 생기고 나서 기저귀를 벗었다거나 휠체어에서 일어나 지팡이로 걸을 수 있게 되었다는 사례도 있다. 각기 배우자를 잃고 치매 증상을 보여 간병이 필요해진 상황에 입소한 남녀가 시설에서 친해진 후 만면에 미소를 띠고 서로 이름을 불러가며 매일 이야기꽃을 피우는 예도 현장에서는 허다한 일이었다.

야근하는 직원이 쪽잠을 자는 깊은 밤, 커튼 친 침대나 화장실, 탈의실, 엘리베이터 등 시설 내 은밀한 공간에서 입소자들끼리 끌어안고 때로는 섹스까지……라는 이야기도 시설에서는 드물지 않았다. 그런 만큼 현장에서 마주치는 가장 까다로운 과제는 입소자들 간에 벌어지는 갈등 대처, 그중에서도 성과 연애가 얽힌 문제가 발생했을 때 인간관계를 처리하는 일이었다.

　물건을 가져가거나 도둑맞았다는 문제라면 직원을 통해 해결할 수도 있다. 하지만 좋아하는 사람을 빼앗겨 인생 마지막 연애가 깨졌다거나 좋아하는 사람이 먼저 세상을 떠나 버려서 충격에 빠졌다거나 하는 경우는 직원도 함부로 말을 걸지 못하고 해결책을 찾기도 어렵다.

　'나이를 먹으면 감정도 시든다'고 굳게 믿어왔던 나는 그런 생각이 착각에 불과했음을 알고 큰 충격을 받았다. 예상 밖의 노후를 알게 된 나는 2011년 5월까지 11년간 『노년의 성 혁명 보고』, 『노년 연애 강좌』, 『노년 연애 혁명』(모두 문예춘추 신서)이라는 책 세 권을 발행하여 노년의 삶과 성에 대해 생각해 보는 기회를 가졌다. 그 과정에서 독자들에게 편지와 이메일을 받아 노년 연애의 실체를 꽤 심층부까지 파악할 수 있었다.

　젊은 세대에 결코 뒤지지 않고 인터넷이나 휴대폰 문자 같은 다양한 기능도 활용해 가며 연애와 성을 즐기는 활기찬 모습. '나잇살 먹어서……'라는 편견에서 벗어나 "노인은 지혜로운 사람. 유사 이래 처음 맞는 고령사회에서 노후의 생활 방식 중 하나로 연애나 성을 선택하여 '살아 있는 증거'로서 적극적으로 즐기고 있다."라고 하는 그들 인생 선배에게 나는 한수 배운 것 같았다.

2011년 봄, 「60세 이후 연애와 성에 대해」라는 제목으로 설문조사를 진행한 후 그 결과를 분석했다(《주간문춘》 2011년 5월 19일호). 전국 47개 모든 지역에서 남녀 각각 500명에게 답변을 얻은 결과, 60세 이상의 노년 중 약 50퍼센트가 1년에 수차례 성관계를 갖는 '현역'이며, 약 30퍼센트가 한 달에 최소한 번은 관계를 갖는다는 실태가 드러났다.

남녀별 합계로 본 현역 비율은 남성이 60.8퍼센트, 여성이 33.8퍼센트이다. 일본의 60세 이상 남성의 60퍼센트가 현재 진행중이라는 수치를 보고 '남성은 아직 건강한 나이니까'라며 어느 정도 수긍할 수 있었지만 여성의 경우 3분의 1이 넘는 현역 수치는 상상 이상이었다. 이쯤 되면 생식을 위한 성에서 정서 안정의 성, 쾌락으로서의 성, 임신 우려가 없는 성이라는 새로운 장이 어느 정도 확고하게 구축되어 있다고 보아도 무방할 것이다.

설문지에서 '60세 이후, 어떤 상대와 성관계를 맺었습니까?'라는 질문의 결과는 아래와 같았다.

- 배우자만: 516명(남 277명, 여 239명)
- 배우자 이외의 상대: 100명(남 63명, 여 37명)
- 배우자와 배우자 이외의 상대: 71명(남 58명, 여 13명)
- 관계하지 않음: 313명(남 102명, 여 211명)

위 결과에서 두 번째인 '배우자 이외의 상대'라는 답변에서 남성, 여성의 상세 내역은 다음과 같다. 남성은 아내와 '사별·이혼했다'가 17명, '결혼하지 않았다'가 3명, 아내하고는 하지 않지만 밖에서 즐기는 불륜 실행자는 43명. 여성은 남편과 '사별·이혼했다'가 22명, '결혼하지 않았다'가 2명, 남편과는 하지 않고 불륜으로 즐기고 있는 사람이 13명이다.

불륜도 드물지 않은 요즘 시대에 남녀 모두 배우자하고만 한다는 대답이 현역 조에서 (네 번째를 제외하고는) 75퍼센트나 된다는 결과도 놀라웠다. 정년퇴직으로 인해 남성이 가정으로 돌아와 외부와의 접점이 없어진 탓에 아내밖에 상대가 없다고 하는 사람도 많을 것이다. 다만 아내가 과연 그 상황에 만족하고 있는지는 설문조사 결과(264쪽) 중 '당신의 성생활에는 어떤 의의가 있다고 생각하십니까?'를 살펴보면 시사하는 바가 크다.

실제 나이보다
10살 어려 보이는 비결

이번 설문조사에서 파트너가 여러 명인 여성과 직접 이야기할 기회를 갖게 되어 아래에 소개한다.

환갑을 지난 나이에, 건강 면에서 또 여성의 입장에서 성관계의 본질을 지적한 61세의 A씨다. 이혼한 지 20여 년. 하나있는 아들은 독립하고 현재는 혼자 산다. A씨는 성관계 횟수를 동침의 숫자로 규정한다.

"현재 성생활은 한 달에 한두 번 정도입니다. 60세 지나고나서 경험한 상대는 7명이고요. 나이 차이는 마이너스 9살부터 플러스 5살. 대상은 동료, 이웃 사람, 대학 시절 친구, 옛친구 등이고 국제선 비행기에서 만나거나 해외에서 머물다가만나기도 했어요. 장소는 주로 우리 집이나 호텔, 해외에서는상대방 집이었습니다. 국제선 비행기에서 만난 사람은 옆자리에 앉았던 사람이에요. 귀국 후에 메일을 주고받다가 만났습니다. 현재 고정적인 파트너는 대학 시절 친구와 옛 친구, 2명입니다. 가장 최근의 성관계는 2주 전에 집에서. 종종 집에 찾아오는 친구라서 오면 꼭 섹스를 합니다. 이혼 후에 내가 동침해 온 파트너는 교양은 있지만 인생의 성공자라고는할 수 없는 남성들입니다. 실직했다거나 젊은 시절 꿈을 지금도 못 버리고 있다거나 미혼, 이혼, 아내가 먼저 갔다거나 하는 사람들에게 나는 동정을 느껴왔습니다. 다들 제 인생의 좋은 동반자죠."

그녀는 160센티미터 52킬로그램의 보통 체형이다.

"어제 골밀도 검사에서는 뼈 나이 36세가 나왔어요. 겉보기에는 실제 나이보다 10살은 어려 보인다고 듣습니다. 물론 일주일에 두 번 가는 재즈댄스의 효과도 있겠지만 성행위할 때의 운동량이 크게 기여하고 있다고 생각해요. 적극적인 편이라서.(웃음) 나에게 성행위는 치유이기도 하고 욕구 해소이기도 하고 애정의 확인이기도 합니다. 가장 중요한 의의는 체형과 젊음의 유지에 있어요. 같은 나이, 혹은 조금 어린 여성 중에 비만에 가까운 사람을 보면 '성관계도 포함해서 운동량이 부족한 게 아닐까?' 하고 생각하게 돼요."

다행히 파트너가 여럿 있어 신선한 기분을 느낄 수 있기 때문에 한층 더 젊음을 유지할 수 있다고도 할 수 있다. 섹스 자체로도 노화 예방이 가능하지만 분명 아내나 엄마, 직장인 등의 의무에서 완전히 해방된 덕에 배가되는 쾌감도 있으리라. 그런데 현재의 성생활에 만족하느냐고 물으니 '그럭저럭 만족'이라고 한다. 이유는 다음과 같다.

"행위 자체에는 만족하지만 빈도가 적은 것이 불만입니다. 또 동년배 남성들이 전희는 매우 좋지만 발기력이 약해서 아

쉬워요." A씨는 '죽을 때까지'는 아니어도 몸 상태를 고려해서 즐길 수 있을 때까지는 섹스를 즐기고 싶다고 말한다.

56세부터 20년간
성생활을 기록한 '횟수' 그래프

성행위는 일정 정도의 건강을 전제로 한다. 다리, 허리가 멀쩡할 정도로 신체가 건강해야 가능하다. 발기하고 질이 젖는 등의 성적 반응은 뇌나 혈관이 제 역할을 수행하고 있다는 증거이다. 개인차가 있지만 적절한 운동을 통해 건강을 유지해야만 비로소 성행위가 가능하고 적당한 운동도 될 수 있다.

앞서 말한 A씨의 사례가 그 점을 잘 보여주지만 그 밖에도 내가 지금까지 취재로 만난 사람 중에 특별한 남성이 한 명 있다. '건강하지 않으면 성행위는 불가능하다. 사랑하는 사람을 위해서라도 절제가 중요하다'는 사실을 가르쳐준 분이다. 바로 76세의 B씨. B씨와는 2005년 3월에 처음 만났고 2010년 11월 중순에 B씨와 3세 연하인 그의 애인 C씨와 함께 다시 만났다.

"'늙었다. 한계다'라고는 생각하지 않습니다. 관계 맺기는 앞으로 서로의 몸 상태를 보면서 해야지요. 이 나이가 돼서 위로의 진정한 즐거움을 배운 느낌입니다."

여기서 관계 맺기란 섹스를, 위로는 소위 자위(마스터베이션)가 아닌 '상대방에게 위로받는 것'을 의미한다.

사실 B씨는 《문예춘추SPECIAL》(2009년 가을호) 노화 방지 특집호에도 등장해 주었다. 약 3년 지난 현재 상황이 어떻게 변했는지는 그가 한 말, '관계 맺기에서 위로로'가 핵심인데 이 이야기를 하기에 앞서 B씨의 삶과 성생활에 대해 다시 한 번 돌아볼 필요가 있을 듯하다.

B씨는 공무원이었다. 부인은 같은 나이로 대학 시절 동급생이었다. 졸업 전에 임신을 확인하고 스물세 살에 바로 결혼했다. 부부관계는 50대가 되어서도 '한 달에 몇 차례'로 원만했다.

56세 때 B씨는 월별 성관계와 자위행위 횟수를 기록해 그래프로 나타내기 시작했다. 정년을 앞둔 가운데 '아내와 성관계를 계속하기 위해서는 건강이 필수 조건'임을 깨달았기 때문이다. 다행히 당뇨병이나 고혈압, 심장, 뇌 등에 질병은 없었고 퇴직하면 다음날부터 하루 1만보 걷기와 금연이라는 과제를 스스로에게 부과하기로 했다. 그래프는 질병이나 요양 상태에 빠지는 것을 예방하고 평생 현역을 실현하기 위한 자기 나름의 목표가 되었다.

1994년에 60세로 정년퇴직. 자녀 두 명은 다 독립했고 걱정거리는 전혀 없었다. 공약대로 하루 1만보 걷기와 금연을 실천했다. 보폭은 80센티미터를 1보로 만보기에 등록했다. 필연적으로 부인과 보내는 시간이 늘어날 수밖에 없었다. 여행이나 쇼핑에 적극적으로 데려가고 성관계도 순조로웠지만 퇴직한 다다음 해부터 부인은 남편이 항상 집에 같이 있는 환경에 질렸는지 차가운 태도를 보이기 시작했다.

1996년, 결혼한 이후로 부인과의 성관계가 처음으로 1년에 0회를 기록했다. 1997년부터 3년 동안은 관계가 연 10회도 되지 않았고, 2000년 10월에는 그 해 다섯 번째의 관계를 마친 후 '서로 간섭하지 말고 살자'고 부부간에 합의했다.

"요구해도 거절당했을 때는 인격을 부정당한 듯한 기분이었습니다." 이렇게 떠올리는 B씨는 2001년, 2002년은 성관계를 한 번도 하지 않고 보냈다.

그러다 2002년 말, 예전 직장의 동료 여성 C씨와 수십 년 만에 다시 만나게 된다. C씨는 아픈 어머니를 간호하느라 혼기를 놓친 상태였다. 서로의 처지를 이해하며 두 사람은 관계를 시작했다. 휴대폰, 특히 문자가 둘의 만남을 이어주어, 2003년 1월부터 2009년까지 7년 동안 한 달에 3회 가량 호텔이나 그녀 집에서 성관계를 갖기에 이른다.

"처음 몇 번인가는 삽입을 하지 못했습니다. 몇 번쯤 만나면서 그녀의 질도 젖었고 나도 제법 발기가 되어 마침내 '앗 들어갔다!' 하는 그녀의 기쁜 소리를 들을 수 있었습니다. 그 소리가 나에게 젊음을 되찾아 준 셈입니다."

금연을 무사히 완수하고 술 줄이기에도 성공했다. 70세가 되고부터는 한 달에 한 번은 걷기를 쉬고 병원에서 검진을 받는다. C씨도 매달 병원에서 검진을 받게 되었다. 서로 검사 결과지를 보여주며 정보도 교환한다. B씨는 염분을 피하고 고혈압에 주의하라는 지시를 받았고 C씨는 콜레스테롤 수치가 낮다고 의사에게 지적받았다. "서로의 건강 상태를 파악해야만 진짜 위로와 치유가 가득한 관계를 할 수 있습니다."라고 하는 B씨의 말은 젊은 세대가 알 수 없는 심오한 경지를 보여준다.

한 권의 파일로 정리된 검사 시트와 성관계 그래프는 B씨에게 건강 상태를 파악하는 종합적 자료가 된다. 그래프에는 B씨가 80세가 되는 2014년까지 여백이 남아 있다. '80세까지 그녀와 관계 맺고 싶다'고 진지한 얼굴로 말하는 B씨를, 나는 '불륜'이라는 말로 재단하고 싶지 않다. '서로 간섭하지 않는다'는 약속이 부부 사이에 합의된 가운데 B씨의 건강을 유지시켜 주는 C씨의 존재를 부정할 수 없기 때문이다. 참고로 B씨는 부부 사이에 성관계는 없지만 부인에게도 매달 병원에서 검사를 받게 하여 서로 검사 결과를 보여주고 있다. 부인은 70세가 되고부터 일주일에 두 번 사교댄스를 나간다. 매우 즐거워하며 다니고 있다.

성생활 덕분에
70대를 두 번 산 느낌

2010년 11월에 다시 만났을 때를 이야기해 보자.

"올해 1월(2010년 1월), 다소 좋지 않았던 신장 상태가 나빠져서 의사 선생님이 엄격한 식사 제한을 지시했습니다. 그 이후로 걷기는 하루 걸러 5,000보(약 4킬로미터)만 하고 있어요. 애인도 '거기가 아프다'는 상황이 되었고요. 그녀가 질 윤활 젤리는 싫다고 해서 최근 한 달에 한두 번 만났을 때는 관계를 피하고 자위로 만족했습니다. 그 자위행위가 성관계와 통하는 즐거움을 줍니다."

어째서 성관계와 통하는 즐거움이 되는 걸까?

"예전에 성관계를 할 때는 '만약 이러다 둘 중 누가 급작스럽게 심장이나 뇌 질환으로 쓰러지면 어떡하나' 하고 자주 걱정했습니다. 그래도 서로 다시 정색을 하고 '이게 인생 최후의 관계일지도 몰라' 하며 감행해 왔지요. 정말로 누군가가 쓰러졌다면 꽤 번거로운 상황이 발생했을지도 모르는 만큼,

그런 염려에서 해방된 지금은 안도감이 큽니다. 자위행위로 쓰러지는 일은 일단 없을 테고. (하하)"

B씨의 말에 C씨도 수긍하며 약간 붉어진 얼굴로 말했다.

"7년 동안 양보다 질로 충분히 즐거웠으니까 지금은 직접적인 관계가 없어도 괜찮아요."

'만일 부인에게 거절당한 채 애인과도 관계가 없었다면?'이라는 질문에 B씨는 즉답했다.

"몸도 마음도 극도로 늙어서 죽었을지 모릅니다. 70대 전반을 즐겁게 보내고 다시 70대를 되풀이해서 살 수 있었던 건 틀림없이 성생활 덕분입니다. 나는 죽을 때까지 성생활을 중시하고 싶어요."

노년 세대로서 연애나 성을 즐기는, '추락하는 노년老落'이 아닌 '즐기는 노년老樂'. 그 조건으로 배우자든 배우자가 아니든 좋은 파트너를 만날 수 있느냐는 사람마다 다르겠지만, '건강하다' '자유롭게 쓸 수 있는 돈이 있다' '자유로운 시간이 있다'고 하는 안정된 생활의 3요소는 필수이다. 오늘날의 노년 세대는 대체로 이런 조건을 충족한 행복한 노인이라 할 수 있을 것이다.

'무연고 사회'가 사회적 문제가 되고 있으며 도시와 시골 불문하고 고독사가 심각하게 여겨지는 가운데, 노년 세대의 연애에는 고독사를 예방하는 기능도 있다고 생각한다. 서로의 집을 드나드는 일은 이웃의 시선을 의식해야 하지만, 무엇보다 주거지를 정리정돈하게 만들고 방이 쓰레기장이 되지 않도록 막아준다. 휴대폰이나 컴퓨터로 취하는 연락은 안부 확인이 될 뿐 아니라 한쪽 편에 불의의 상황이 발생했을 때 생명선 역할도 한다. 특히 자식이나 친족과 관계가 소원한 사람의 경우, 연애 파트너야말로 SOS를 보낼 유일한 연결고리가 될 수 있다. 60세부터의 20년, 25년을 어떻게 보낼지는 연애나 성생활을 건강 차원에서 어떻게 받아들일지의 문제와도 밀접한 관계가 있지 않을까?

⊙ 「60세 이후의 연애와 성에 대해」 1,000명 설문조사에서

질문 1) 최근, 혹은 최후로 성관계를 맺은 시기와 상황을 가능한 범위 내에서 써주세요.

남성 현역조

- 요전 날, 동창생과. 같은 병원에 다님. 귀갓길 호텔에서(75세. 성교 빈도 는 월 1~2회 정도. 상대는 배우자와 배우자 이외)
- 한 달에 1, 2회 아내와(74세. 월 1~2회 정도. 배우자만)
- 잘 아는 슈퍼마켓 점원과 밤에, 길에서 마주쳐서 한참 대화하던 중에 하 고 싶어져서 유혹했다. 그러자 '우리 집으로……'라는 말이 이어져 상대방 집에 가서 두 번 했다.(71세. 월 1~2회 정도. 배우자 이외)
- 주 1회 아내와 노력하고 있습니다. 이번 주도 성공했습니다. 건강의 척 도입니다.(70세. 주 1~2회 정도. 배우자만)
- 어젯밤 아내와(68세. 주에 3회 이상. 배우자만)
- 작년 여름, 아내와 여행지인 가미코지 호텔에서 반년 만에(67세. 반년에 1~2회. 배우자만)
- 만남 사이트, 30세 연하와 호텔에서(67세. 주에 3회 이상. 배우자 이외)
- 지난 달, 요시와라 소프랜드(도쿄의 성매매업소—옮긴이)에서. 80분 코스 로 2회전 성공!(64세. 주 3회 이상. 배우자와 배우자 이외)
- 64세인 어제, 30세 연하의 애인과 우에노 러브호텔에서 밤 2번, 아침 한 번(64세. 월 1~2회 정도. 배우자와 배우자 이외)

여성 현역조

- 지난 달, 남편과 자기 전에(74세. 월 1~2회 정도. 배우자만)
- 이제 적당히 그만두고 싶은 마음입니다.(69세. 월 1~2회 정도. 배우자만)
- 시기: 2011년 1월, 상황: 각자 요를 깔고 자는데 내가 이불 속에 들어가

바로 남편에게 달려들었다. 왠지 안고 싶은 기분이 들어서. 보통은 싫어하며 등을 돌리는데 이날은 받아들여 주었다. 남편은 최근 왠지 발기가 잘안 돼서 성욕도 떨어지는 듯하다.(69세. 반년에 1회 정도. 배우자만)

• 1월 말, 남편이 해외에 가 있을 때. 채팅으로 알게 된 6세 연하의 상대와 3일간 몸을 섞었습니다.(66세. 월 1~2회 정도. 배우자 이외)

• 작년 말, 술자리 후. 귀가가 귀찮아져서 함께 호텔로(65세. 2, 3개월에 1회정도. 배우자 이외)

• 2주 전, 남편은 주 1회 나를 마사지 해줍니다. 그 흐름을 타서 관계를맺게 되는데 2주 전에는 마사지 없이 했습니다. 남편이 '나만 즐겨서 미안'하고 사과했습니다.(64세. 월 1~2회 정도. 배우자만)

• 어제, 술 마시다가 하고 싶어져서 남편에게 요구했습니다.(63세. 1년에몇 차례. 배우자만)

• 작년 12월 중순, 라스베이거스에서 약 반년 만에 했다. 여행지에서밖에안 한다.(62세. 반년에 1회 정도. 배우자만)

• 2세 연하의 애인과 이번 주 처음으로 드라이브 도중 호텔에서(61세. 주에3회 이상. 배우자와 배우자 이외)

남성 은퇴조

• 57세 때, 배우자와. 그 후 전립선암 수술하여 발기불능이 됨.(83세)

• 78세 때. 그전만큼 오래 지속되지 않았다.(80세)

• 60세가 마지막이었던 것 같다. 자연 감소(76세)

• 56세에 뇌경색 발병, 2개월 입원한 이후로 성교는 없다.(73세)

• 사정상 53세에 정관수술. 그런 의미에서는 52세 때 아내가 마지막. 수술 후에는 아내와 하지 않았어도 다른 여성과는 꽤 했습니다. 임신 위험이없어서 상대도 안심(70세)

• 50세가 마지막. 아내가 자궁을 들어내어 멀리함. 그 후 내가 우울증이되어 성욕이 없어졌다.(65세)

• 2007년 8월, 나(미혼) 59세, 그녀(미혼) 49세 때가 마지막 관계. 자위는 지금도 매일 하고 있지만. 당시 1년 정도 교제하여 월 1, 2회 호텔에 다녔다. 서로 일이 있어서 자주는 못 만났습니다. 얼마 안 돼 내가 고향으로 이사 가게 되어 거기서 끝났다. 만일 지금도 가까이 살고 있다면 호텔에서 즐기고 있을 것 같다. 어쩌면 결혼했을지도.(63세)

여성 은퇴조

• 65세 때, 지금 집으로 이사한 직후. 환경이 바뀌어 남편이 요구했다. 나는 그전부터 너무 싫어 견딜 수 없었다.(89세)
• 69세. 이혼 후, 인터넷에서 알게 된 사람(74세)
• 65세 되던 생일에 오랜만에 형식적인 성행위를 남편과(74세)
• 60세 전에는 열흘에 한 번 정도 요구해 왔다. 만족할 상태까지는 이르지 않았지만 남편은 만족했기 때문에 받아들여 주고 있었는데, 정확히 내가 60세 때에 남편이 갑자기 병사해서 그 이후로는 안 하고 있다.(73세)
• 내가 55세 때, 정년퇴직한 남편이 한가하게 요구해 왔을 때는 화가 났다. 나는 일하면서 부모님 간호도 하고 도시락도 싸고 저녁 준비도 어떻게든 마치고 출근하려고 하는데, 그럴 때가 아니었다. 남편은 진지하게도 아니고 장난식이었다. '하려면 빨리 해' 하는 기분이었다. 그걸로 끝입니다. 나쁜 아내이지요.(69세)

질문 2) 배우자 이외 파트너의 연령 차, 만남의 계기, 밀회 장소 등을 써주세요. (복수 응답 가능)

남성

• 나이는 18~35세 차이. 여러 명 있는데 첫 만남은 업무 관계로(은행, 구입처, 단골손님 등). 밀회 장소는 출장지의 시티호텔, 러브호텔, 관광지 등(75세)

- 6세 차이. 인터넷에서(75세)
- 21~28세 차이의 젊은 여성 3명은 업무 관계로 알게 됨. 같은 나이는 동창회에서 만난 어릴 적 친구(75세)
- 2살 위. 사교댄스 모임. 장소는 여행지, 상대방 집, 러브호텔 등(72세)
- 10세 연하. 병원 대기실에서 알게 됨. 3세 연하, 술집에서 만남(71세)
- 지하철에서 만난 20~45세 차이. 상대방 집, 러브호텔, 하천부지, 차 안(71세)
- 40세 연하. 옛날부터 알던 지바 현 포주집. 호텔에서(70세)
- 술 마시는 상대로 한 살 연하(69세)
- 우연한 만남. 10세 연하. 호텔에서(69세)
- 근처의 미망인. 1세 연하. 그녀 집에서(67세)
- 한 명은 8살 위로 집에서, 한 명은 5살 아래이고 여행지에서(67세)
- 28세 여성, 호프집에서 알게 됨. 38세 여성, 일로 알게 되었다. 장소는 호텔이나 우리 집에서(66세)
- 같은 나이. 가라오케 동호회. 서로의 집에서(64세)
- 27세 연하. 근무지에서 만났다. 그때그때 되는 장소(64세)
- 30세 차이. 자원봉사 모임에서. 호텔이나 모텔에서(63세)
- 한 명의 나이 차는 3세이고 21년 전 여성이 아르바이트하던 곳에서 알게 되어 현재에 이르렀다. 또 한 명은 19세 연하이고 18년 전 직장에서 알게 된 이후 집까지 데리러 간다(63세)
- 21세 연하. 만남 사이트. 러브호텔에서(62세)
- 10~30세 연하. 만남은 커피숍, 슈퍼에서 장보다가, 휴대폰 가게, 번화가에서 쇼핑하다가. 밀회 장소는 우리 집, 러브호텔, 캠핑카(62세)
- 만남 사이트 비슷한 곳, 7세 차이와 19세 차이. 패션호텔, 시티호텔. (62세)
- 취미 클럽과 동호회에서(62세)
- 나이 차이는 거의 없다. 만남 방법은 파친코나 가라오케 등이다. 러브호

텔을 이용하고 있다.(62세)

- 25세 연하. 오토바이로 혼자 여행하던 나가노 현에서 알게 되었다.(61세)
- 15세 연하. 라이브하우스에서 만남. 호텔에서(61세)
- 20세 이상 연하. 지역 활동을 하다 알게 되었다. 그녀 집이나 여행지에서(61세)
- 28세 연하. 거래처 담당자. 상대방 아파트에서(60세)
- 30세 연하, 만남 사이트, 호텔. 15세 연하, 만남 사이트, 호텔(60세)

여성

- 이혼한 후 인터넷에서 알게 되었다.(74세)
- 2살 연하. 나는 미혼이고 우리 집이나 여행지 숙박업소에서(70세)
- 같은 나이. 시니어 사이트. 시티호텔에서(68세)
- 30세 연하, 10세 연하, 8세 연하, 만남 사이트에서. 다 러브호텔(67세)
- 나이 차는 35세 연하부터 7세 연상, 같은 나이. 만남은 술집에서 만난 대학생이 꼬셔서. 그리고 오래된 섹스 파트너, 옛날부터 알던 사이, 술친구 등이 있다. 밀회 장소는 호텔이 많다.(67세)
- 같은 맨션의 얼굴 아는 부인의 남편. 쓰레기 버릴 때 자주 만나 친해져서. 나이는 54세입니다. 가끔 남편과 파친코에 가는데 그때 자주 옆자리에 있는 47세 남성과도 친해졌다.(66세)
- 10살 연상, 취미가 같은 동료. 집에서(66세)
- 채팅에서 알게 된 6세 연하. 내가 사는 곳까지 데리러 와주고 러브호텔에서(66세)
- 나이는 4살 위. 야후 파트너 사이트에서. 러브호텔(65세)
- 나이 차는 4살. 인터넷에서 만났다. 러브호텔(65세)
- 2세 연상: 취미가 같은 친구. 여행지에서 호텔. 2세 연하: 예전 근무지의 동료. 호텔이나 상대방 집에서(65세)
- 고교 동창생. 어쩌다 보니 섹스 이야기가 나와 쾌락을 위해 러브호텔에

서 하게 되었다. 요 몇 년은 만나기는 해도 섹스는 하지 않게 되었다. 남편과는 10년 넘게 안 하고 있는 상태(65세)

• 같은 고향, 같은 나이의 학창 시절 남친. 수년 만에 그쪽에서 만나자고 해서 집에 주 1회 찾아오게 되었다.(63세)

• 16세 연하의 애인. 올해로 4년차. 월 1회 만나고 있다.(63세)

• 23세 연하. 동물병원 대기실에서 만났다.(63세)

• 만남은 블로그 친구. 17세 연하, 러브호텔에서(63세)

• 25세 때(결혼하기 전) 도쿄에서 친구 소개로 만남. 3살 위(63세)

• 같은 나이. 동창회에서 재회. 그때 묵고 있던 호텔에서(63세)

• 친구 남편과 호텔에서(62세)

• 조금 연상. 국제선 기내에서 옆자리에 있던 사람. 귀국 후에 만나서(61세)

• 5살 어리다. 만남 사이트, 호텔에서(61세)

• 애인과 동거하고 있습니다. 그쪽이 8세 위입니다. 또 다른 사람은 6세 연하이고, 문자로 연락하고 있습니다. 1년에 2, 3번 호텔에서 만납니다.(61세)

• 10세 연하. 옛날부터 친구의 친구. 주로 오사카 고베의 쇼핑가에서 쇼핑, 식사, 연극 관람 등(60세)

질문 3) 당신의 성생활에는 어떤 의의가 있다고 생각하십니까?

남성

• 욕구가 해소된다.(83세)

• 부부관계가 원만해진다.(78세)

• 긍지와 안심(76세)

• 건강의 바로미터입니다.(76세)

• 노화 절벽에서 굴러 떨어지는 것을 조금이라도 막아주는 효과가 있다고 생각한다.(75세)

- 피곤이 풀린다.(75세)
- 마음의 버팀목(72세)
- 남자로서 성은 끊을 수 없다. 부부 원만하게 하는 행위면 좋다. 단, 그 밖의 것을 추구하면 가정이 무너진다.(72세)
- 노년의 심리적 안정과 신체적 욕구의 균형을 잡아 치매 예방이 된다면……(71세)
- 주 1회 가능하다면 남자로서 만족합니다.(70세)
- 초조함의 해소(70세)
- 노화 방지(70세)
- 굳이 말하자면 삶의 보람입니다.(69세)
- 늘그막에 연애를 즐길 수 있다는 것은 인생 최대의 기쁨이다.(69세)
- 남자의 본분(68세)
- 정년퇴직 후의 관계는 치유이다.(68세)
- 젊음을 되돌린 것 같은 즐거움이 있다.(67세)
- 여성들이 좋아하므로 1점 획득(67세)
- 즐거움의 하나였다.(67세)
- 의의는 없습니다.(66세)
- 하루하루 생활에 바쁘니 성생활할 기분이 나지 않는다.(65세)
- 여보와는 단순한 건강의 확인. 젊은 여성과는 그야말로 스포츠(64세)
- 그때그때의 분위기(64세)
- 성생활은 별로 생각하지 않으려 한다(아내가 별로 좋아하지 않아서)(64세)
- 가능하면 다른 사람과 해보고 싶지만 성교로 서로의 애정 표현을 확인할 수 있고 마음도 안정된다.(63세)
- 서로의 행복(63세)
- 부부간의 성행위는 부부간 유대를 위해 필요하고 다른 여성과의 성행위는 치유나 삶의 보람이다.(62세)
- 아내와는 위로, 두근거림과 삶의 보람을 느낀다. 그 외의 상대는 생리적

욕구의 해소와 내일을 위한 활력(62세)

- 의무일 뿐이다.(62세)
- 성생활은 스포츠이다.(62세)
- 성생활에는 관심이 없어졌다. 젊을 때는 흥미가 있었는데 지금은 요리
가 더 재미있다.(61세)
- 생각해 본 적 없다.(61세)
- 쾌락(61세)
- 생명력의 확인(61세)
- 생활 속에 충실감을 느끼게 하는 중요한 요소(61세)
- 마음이 통한다는 말도 있듯이 이심전심이다.(60세)

여성

- 의미는 없습니다. 줄곧 너무 싫었습니다.(89세)
- 부부 화합의 필요조건은 아니다.(78세)
- 남편이 만족하면 그걸로 좋다. 남편 중심으로 만족하고 있다.(78세)
- 현재 필요를 못 느끼고 있습니다.(74세)
- 삶의 보람(72세)
- 정서 안정, 욕구 해소에 효과가 있었다.(71세)
- 자손을 남긴다.(70세)
- 부부에게 있어 필요하다고 생각한다.(70세)
- 성생활이 없는 생활이 좋습니다.(69세)
- 섹스만이 삶의 보람이나 전부는 아니지만 남성이 나를 원한다는 것은 아
직 매력적이라는 증거로 생각하고 있습니다. 섹스에 나이는 관계없다고 생
각합니다.(67세)
- 인생의 위로(66세)
- 정서 안정(66세)
- 남편 이외의 상대에게 여자로서 인정받고 있는 것 같아서 정신적으로

즐겁습니다.(65세)

- 젊을 때는 욕구가 상당히 있었지만 항상 채워지지 않았습니다. 갱년기를 맞고 나서는 마치 뭔가 떨어져 나가듯 그런 욕구가 전혀 생기지 않고 오히려 싫어졌습니다. 지금은 내 취미에 열중하고 있고 성생활은 없어도 즐겁습니다.(65세)

- 성생활이 20년 이상 없으니 의의 같은 건 없다.(65세)

- 고부 갈등이 일어난 이후 남편에 대해 애정이 식어서 성생활까지 이르지 않는다.(64세)

- 남성에게 복종당하는 것 같아서 매우 싫었습니다. 더럽다는 생각밖에 안 듭니다. 성행위 후에는 자기혐오에 빠집니다. 삶의 보람이나 치유는 책을 읽거나 동물과 놀거나 드라이브 가서 자연을 보거나 해서 얻을 수 있습니다. 성행위는 마음에 상처만 날 뿐. 60세 넘어서 성생활하는 사람의 마음도 이해가 안 된다.(64세)

- 잠을 잘 잘 수 있다.(64세)

- 의의는 없다. 남편에 대한 스트레스뿐(63세)

- 지금은 그저 귀찮다는 생각이네요.(63세)

- 여성으로서 살아갈 수 있게 하는 것(62세)

- 예전에는 애정표현이라고 생각했지만 지금은 남편의 만족을 위해 몸을 제공하고 있다.(62세)

- 항상 절정에 이르렀기 때문에 갱년기 장애도 부드럽게 넘겼다.(61세)

- 치유이고 욕구의 해소이고 애정의 확인이기도 하다. 하지만 가장 중요한 의의는 체형과 젊음의 유지에 있다.(61세)

- 안심할 수 있다.(61세)

- 있으면 즐겁지만 없어도 특별히 상관없는 것(61세)

- 억지로 강요는 하지 않는 것이다.(60세)

15

노년에 대한 불안은 과장되어 있다

나이 듦에 대한 새로운 발견들

올바른 지식이 있으면 불안은 사라진다.

장수 연구 1인자가 말하는 나이 듦의 본질.

선입관을 버리고 현실을 직시하라.

시바타 히로시(柴田 博)

의학박사, 일본응용노년학회 이사장, 인간종합과학대학교 대학원 교수, 오비린대학교 명예교수 겸 초빙교수. 국내에 번역된 『고기 먹는 사람이 오래 산다』 외에 여러 권의 책을 저술했다.

나는 원래 성인병 예방 내과 전문의로 중년과 노년의 환자들을 진찰할 기회가 많았다. 본격적으로 노년 세대를 마주한 것은 6년 동안 몸담았던 대학의 의국을 떠나 1972년에 도쿄의 노인전문병원으로 옮기고 나서부터이다. 그곳은 당시 도쿄 양육원 부속병원으로 불렸고, 병상이 703개인 대형 병원이었다. 200명의 연구원으로 이루어진 도쿄 노인종합연구소 및 다양한 형태의 고령자 입주 시설도 병설되어 있던 이 기구는 세계에 자랑할 만한 곳으로서 노인문제 연구의 중심지로 인정받고 있었다.

당연한 말이지만 당초 나는 이 병원에서 질병이나 장애를 가진 고령자만 접하고 있었다. 그래서 나이 든 사람치고 평범하게 살아가는 경우는 별로 없다는 선입관을 갖게 되었다. 그런 선입관은 나만의 문제가 아니었다. 일반 사회에서도 '사람은 나이를 먹을수록 능력도 인격도 쇠퇴해 간다'는 생각이 일반적인 시대였기 때문이다.

이 선입관을 깨부순 계기가 있는데 바로 1972~1973년에 시행된 '전국 100세 이상의 노인들' 조사에 참여했을 때이다. 지금은 백수 노인 수가 이미 4만 명을 넘었지만 당시에는 반환된 오키나와를 포함해도 현재의 100분의 1 이하인 405명밖에 되지 않았다.

우리는 의학, 사회학, 심리학 전문가 들로 구성된 팀을 만들어 하루에 두 집씩, 총 105명의 노인 가정을 방문해서 장수의 비결이나 마음가짐에 대해 이야기를 들었다. 인지 능력, 혈압, 심전도, 혈액 검사 등도 실시했다. 나는 이 조사를 통해 천수를 누리는 고령자의 실태를 알게 되었다.

예를 들어 지금도 매우 많은 사람들이 인생 말기에는 오랫동안 병구완 받으며 누워 지내야 한다고 생각하며 그것을 두려워한다. 하지만 이때 조사한 바에 따르면 병상에 누워 지내던 백세 노인들이 실제 사망하기까지의 기간은 생각보다 그리 길지 않았다. 야마가타 현의 후지시마 마을에서 40세 넘어 사망한 사람의 전 가족을 대상으로 시행한 조사를 통해 사망자 중 1년 이상 자리보전한 사람의 비율이 불과 8퍼센트 정도임을 알게 된 것은 그로부터 15년 이상 지나서였다(「지역에서 최후에 누워 지낸 기간에 관한 연구」, 1990년).

정상 노화가 있다면
이상 노화도 있다

지금으로부터 약 40, 50년 전, 내가 의대생이었던 시절에는 '부분을 합하면 전체가 된다'는 사고방식이 주류였다. 눈은 40세 정도부터 노화가 시작되고 귀도 50대에 검사를 하면 난청이 발견된다. 근육이나 뼈는 20대 초반에 정점을 맞은 후 계속 약해진다. 이렇게 개개의 장기가 해가 갈수록 마모되면 그 총합체인 사람도 당연히 세월과 함께 쇠약해진다고 생각했던 것이다.

미국의 세포 노화 연구자인 스트렐러 박사는 1962년에 노화를 다음과 같이 정의하고 있었다.

■ 모든 사람이 질병에 걸리지는 않지만 노화는 모든 사람에게 일어난다−보편성
■ 노화는 출산이나 성장처럼 인간 고유의 현상이다−고유성
■ 노화는 진행만 있으며 역행하는 경우는 없다−진행성
■ 노화는 인간에게 유해한 것이다−유해성

어떤가. 아마도 마지막 '유해성'이라는 표현에 많은 사람들이 놀랄 것이다. 지금이라면 크게 문제시될 부분이다. 하지만 이런 사고방식이 당시에는 당연하게 받아들여졌고 그 후로도 오랫동안 사람들 마음에 깊이 뿌리내렸다. 앞서 말한 '사람은

나이가 들면서 능력도 인격도 비탈길을 굴러떨어지듯 하강한다'는 잘못된 고정관념의 실마리는 이런 사고방식과 관계가 깊다.

1970년에 들어 이러한 통념을 확 뒤집는 책 한 권이 출간되었다. 바로 『정상적인 노화Normal Aging』이다. 미국 노스캐롤라이나 주 듀크대학교 연구팀이 자립하여 생활하고 있는 60~90세의 지역 주민 256명을 15년간 추적하여, 사람이 어떻게 나이 먹어가는지를 조사한 보고서이다.

이 책이 사람들을 무엇보다 놀라게 한 점은 바로 제목이었다. 1960년대에는 '노화는 유해하다'는 설이 정설로 받아들여졌기 때문에 '정상적으로 나이를 먹는다'는 말은 그야말로 청천벽력이었던 셈이다. 더구나 정상 노화가 있다면 비정상(이상) 노화도 있다는 말인데, 이상 노화는 일반 질병과 마찬가지로 예방하거나 치료할 수 있는 것이 아닐까 생각하는 사람도 나타났다.

스트렐러의 시대에는 노화에 따라 인격도 쇠퇴한다고 여겼지만, 인지능력이 저하되지 않는 한 인격은 쇠퇴하지 않는다는 사실도 입증되었다. 그때까지는 예를 들어 노인이 지갑을 어딘가에 잊어버리고 와서 친척 중 누군가가 훔쳐간 게 아닐까 의심하기라도 하면 전부 노화 탓이라고 간주했다. 물론 이런 의심증은 치매로 인한 것이지 노화 때문이 아님을 현대인들은 당연히 알고 있다.

　같은 해에 출간된 시몬 드 보부아르의 『노년』도 노화 연구에 파문을 일으키는 문제작이었다. 보부아르가 사람의 심신이 쇠퇴하는 현상을 꼭 긍정적으로만 생각한 것은 아니지만, 이 책에서는 나이 든 사람을 성가신 존재로 취급하는 사회적 인식을 통렬히 비판하며 고령자의 안녕이나 가치는 사회적 관계 속에서 결정된다고 지적했다. 잘 들여다볼 부분이다.

일본 노인 80퍼센트 이상이 자립 생활을 하고 있다

　1980년대에 들어서자 늙는다는 것에 대해 더욱 긍정적인 사고방식들이 잇따라 등장했다. 그중 특히 획기적인 사고방식을 알아보자.

❖ 인류의 생존 곡선은 시대가 흐르면서 점점 직각 형태가 되어간다
[그림1]을 보면 1900년 사람의 생존율은 약 50세까지 절반 정도로 감소해 있다. 1980년에는 50세가 되어도 출생한 집단의 약 80퍼센트가 생존해 있다. 평균 수명이 85세에 달하면 70세 미만에 사망하는 사람은 필시 매우 적어진다. 왜냐하면

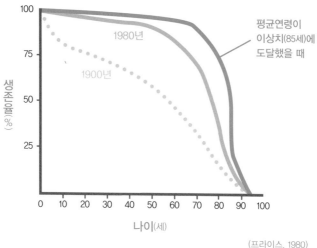

[그림1] 사람은 어떻게 늙어왔는가

평균연령이
이상치(85세)에
도달했을 때

1980년

1900년

생존율(%)

나이(세)

(프라이스, 1980)

죽음의 원인이 되는 질병이나 장애의 발생이 시대와 함께 좀 더 고령화되기(뒤로 밀려나기) 때문이다. 한편 사람에게는 100세 조금 넘는 지점에 한계수명이 존재하므로 누구도 그 선을 넘어서까지 살 수는 없다. 사람은 그 한계수명 언저리에서 마치 1년생 초목이 가을에 일제히 시들어버리듯이 일시에 사망한다는 것이 이 부류의 사고방식이다(=직각형 모델).

우리 연구에서도 같은 지역의 같은 나이일 경우, 예전의 고령자보다 현재의 고령자들이 더욱 노화도가 낮다는 사실이 드러났다.

참고로 고령자의 40퍼센트 이상이 90세를 넘기고 있는 오늘날 일본 여성의 생존 유형은 프라이스가 이상으로 삼았던 직각형 모델을 체현하고 있다고 볼 수 있다.

❖ 사람의 능력은 나이 들면서 쇠약해지는 것이 아니라 비교적 죽기 직전까지 유지된다

사람에게는 자동차 운전처럼 비교적 단순한 동작성(유동성) 능력과, 개념을 조작하거나 가치를 판단하는 등의 언어성(결정성) 능력이 있다. 동작성 능력은 중년 이후, 직선적으로 급격히 저하되는 경향이 있지만 언어성 능력은 나이에 따라 저하되는 정도가 미미하며 사망하기 약 2년 전까지 향상되는 경우도 드물지 않다.

나이에 따른 동작성 능력의 변화도 단순하지 않다. 19~72세의 타이피스트들에게 타이프를 치도록 했을 때, 글자를 보고 나서 타자를 누를 때까지는 젊은 사람들이 빨랐지만 다음에 나올 말을 예측하는 능력은 나이 든 사람들이 더 높았기 때문에 결국 속도에서는 나이에 따른 차이가 없다는 결과가 나왔다(T. A. 솔트하우스, 1984).

❖ 뛰어난 지혜를 동반한 동작성 능력은 평생 발달한다

1980대 후반까지 현역으로 활약한 루빈스타인의 피아노 연주는 세월과 함께 숙달되어 원숙미를 더해 갔다. 나도 만년의

루빈스타인 연주에 마음을 빼앗긴 사람이다. 생애발달이론을 확립한 폴 발테스는 79세의 루빈스타인에게 원숙한 연주의 비결을 물었다고 한다. 루빈스타인은 다음과 같이 답했다.

"젊을 때보다 손가락 사용은 느려졌습니다(상실). 하지만 빠르기에 대비를 주어서 빠른 파트가 곡 전체 중에서 아주 빠르게 느껴지도록 하지요(보상). 연주 곡목을 줄여서 한 곡의 연습 시간을 늘리도록(최적화) 신경 쓰고 있기도 하고요."

이렇게 사람은 상실을 계기로 능력을 발달시킬 수 있다.

❖ 타인의 도움을 받아야 하는 고령자는 25퍼센트. 하지만 자립 생활을 하는 노인도 동일한 비율이다

이런 생각은 나이가 들면 혼자 자립 생활을 하기 어렵다는 세간의 상식에 정면으로 대립하는 사고방식이었다. 그러나 실제로 당시 미국에서는 75퍼센트의 노인이 혼자서 남의 도움 없이 생활하고 있었다. 참고로 일본에서도 80퍼센트 이상의 노년 세대가 자립 생활을 하고 있다.

행정이나 대중매체의 논조는 고령화사회가 진행됨에 따라 누워지내거나 치매에 걸리는 사람이 많아진다는 부분에서 거의 일치한다. 그러나 현실적으로는 80퍼센트 이상의 노인들이 자립 생활을 하고 있다는 사실을 기억해야 한다. 그뿐 아니라 [그림2]에 나타난 평균적인 고령자와 건강한 고령자는

[그림2] 고령자 생활 기능(노화도)의 편차치 모델

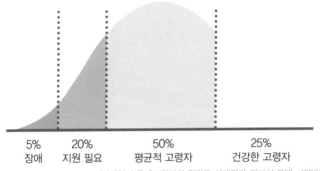

| 5%
장애 | 20%
지원 필요 | 50%
평균적 고령자 | 25%
건강한 고령자 |

(미리엄 슈록, 「고령자의 건강도 상대평가 편차치 모델」, 1980)

사회공헌 능력도 높다는 것을 알 수 있다.

노후에 누워 지낼까 봐 염려하여 장래를 신중히 준비하는 일도 나쁘지 않다. 그렇지만 공연히 필요 이상 불안해 할 필요는 없다. 지금까지 살펴보았듯이 노후에 대한 사고방식은 시대에 따라 극심하게 바뀌어왔다. 보부아르가 말한 것처럼 어떻게 늙느냐는 그 시대 구성원들이 가진 선입관에 따라 결정되었다고 할 수 있다. 지금 우리는 50년이라는 세월을 거치며 마침내 노화의 본질을 파악하게 되었다. 나이 듦에 대해 순순히 받아들일 때가 드디어 찾아온 것 아닐까?

노인의 마음을
들여다본다

가와바타 야스나리에서 셰익스피어까지,
명작에 그려진 노후는 어떤 모습일까?
노인의 심리와 노인에 대한 사람들의 심리를
알 수 있는 책들.

히가시타니 사토시(東谷 曉)

1953년생. 와세다대학교 정치경제학과를 졸업하고 잡지 《더 빅맨》과 《발언자》 편집장을 거쳐 저널리스트로 활동하고 있다. 많은 책을 펴냈고 그중 『경제학자의 영광과 패배』가 국내에 번역되었다.

나이 든 사람의 마음은 젊은이들이 쉽게 이해할 수 없을 뿐 아니라 당사자들도 객관화하기 어렵다. 이 글에서는 노인의 심리와 노인을 대하는 심리를 아는 데 힌트가 되는 책을 모아 보았다. 먼저 고령자의 마음을 알려주는 책부터 시작하자.

시모나카 요시코의『노인의 심리를 알 수 있는 책』은 심리학 관점에서 쓴 노년의 심리 입문서이다. 나이를 먹으면 완고해진다고 하는 설은 이 책에 따르면 '고정관념'이며, "사고의 유연성은 약해지지 않을 뿐 아니라 조금씩 강해지는 경향조차 보인다."라고 한다. 각종 조사에서도 "나이를 먹어도 머리가 딱딱하게 굳어지는 일은 없다."라는 사실이 증명되었다.

나이를 먹으면 사고력이 저하된다는 생각도 반드시 옳지는 않다. 기요타 가즈타미의『정상적인 '늙음'과 비정상적 '늙음'』에 따르면 "지성적 기능은 나이가 들면서 다소 저하되지만 감성적 기능이 상승함에 따라 감성과 지성을 상보적으로 활용할 수 있는 '상보성 사고력'은 나이가 아주 많이 들어서도 발달할 수 있다."라고 한다.

이와 비슷한 내용을 아즈마 기요카즈가 엮은 『노화의 심리학』에서는 '유동성 지능'과 '결정성 지능'이라는 말로 설명한다. "유동성 지능은 청년기에 정점에 달하며 그 이후 하강 곡선을 그린다. 한편 결정성 지능은 노년기에 이르러도 저하되지 않는다. 이 차이는 전자가 뇌의 신경생리학적 기능에 직결되어 있는 데 비해, 후자는 경험이라는 요인에 의존하고 있어서 나이가 들수록 오히려 더 큰 효과를 나타내기 때문이라고 생각된다."

치매에 대해서도 오해가 많다. 예를 들어 건망증이 시작되면 금방 치매라고 생각하는 사람이 많은데 이는 잘못된 생각이다. 곤도 쓰토무의 『잘 알 수 있는 고령자의 심리』에서는 "노인에게는 매일이 일요일이기 때문에 날짜와 요일을 정확하게 말하기 어려운 것이 당연"하며, "말하지 못한다고 해서 시간 감각을 잃었다고까지는 할 수 없다." 다만 "방금 전에 한 말을 까먹거나, 계속해서 같은 질문을 한다거나, '저거' '그거'를 연발한다거나, 물건을 잃어버리고 오는 일이 많다거나, 간단한 돈 계산을 못한다거나, 세상일에 흥미나 관심을 보이지 않는 등의 증상이 있으면 초기 치매를 의심할 수 있다."

구로가와 유키코, 사이토 마사히코, 마쓰다 오사무의 『노년 임상 심리학』에 따르면 치매에는 뇌의 기질적 장애에 의한 '중심 증상'과 심리사회적 요인과 개인의 성격이 얽혀 발생하는 '주변 증상'이 있다고 한다. "중심 증상으로는 기억 장애, 지남력(자신이 처해 있는 상황을 시공간적으로, 다른 사람과의 관계 속에서 올바로 인식하는 능력—옮긴이) 장애, 이해판단력 장애, 실행기능 장애 등이 있다." 한편 "주변 증상으로서는 억울한 느낌, 환각, 망상, 섬망, 불면 등의 정신 증상이나 흥분, 폭력, 배회 등 생활에 지장을 주는 행동이 있다."

　이렇게 많은 지식이 있어도 노인을 돌볼 때 자꾸 잊게 되는 사실이 있다. 바로 노인에게도 자존심이 있다는 것이다. NHK 복지방송 취재반이 편집한 『개호의 마음가짐과 마음의 케어』에서는 "노인들에게는 오랜 세월 살아온 역사, 그리고 자존심과 생활습관이 있고 각자의 사고방식이 다를 뿐 아니라 그 가족들의 생각도 또한 다릅니다. 그래서 주변인들의 배려, 그에 대한 미안함 등으로 인해 쉽게 속마음을 말하기 어려운 상황이라고 할 수 있습니다."라고 지적하고 있다. 고령자는 가까운 가족에게라도 꼭 본심을 밝힌다고 할 수 없다는 말이다.

　한편, 문학에서는 노년을 어떻게 묘사해 왔는지 살펴보자. 문학에는 노년의 심리를 좇으려 애쓴 노력이 집적되어 있다.

미즈노 유미코는 『일본 문학과 노인』 중에서, "노년을 이상화하고 지복의 시기로 여기는 경향은 일본, 나아가 한국, 중국 같은 동아시아 전체에 공통된 지배적인 경향이라고 해도 좋다."라며 비교문학의 입장에서 논한다. "시간과 함께 쇠퇴해가는 인간으로만 노인을 다루는 서양의 문학. 그에 비해 일본의 문학은 노인을 시간을 초월해 영원히 살아가는 신으로서 다룬다."

오가타 아키코, 하세가와 게이의 『노년의 즐거움』은 일본 근대 문학 연구자들이 '노인 문학'의 매력을 탐구한 책이다. 편집자는 말한다. "적어도 노년은 육체의 쇠약에 반비례해서 인생을 오래 살며 경험한 풍요로운 축적물에 둘러싸인 여유 있는 경지, 인생의 황금시대라고 할 수 있지 않을까. …… 어떤 의미에서는 가장 자유로운, 방자할 정도로 자유로운 창조 공간에 빠져들어 탐닉할 수 있는 시기이다. 노년을 과격성의 측면에서 재고할 필요가 있다고 생각한다."

서양 문학에서 '노후'를 다룬 책으로 여기서는 시몬 드 보부아르의 『노년』을 들기로 한다. 실존주의 철학론이라는 까다로움도 없지 않지만 하권은 대부분이 서양 문학에 나타난 문학가들의 노년에 관한 선집으로 이루어져 있다. "요절하거나 늙거나 그 밖에 다른 길은 없다. 하지만 괴테도 썼듯이 '노년은 우리를 불시에 사로잡는' 것이다."

소설 몇 권을 살펴보자. 이토 세이의 『변용』은 저자가 62~63세 때에 쓴 작품으로서, 화가 다쓰다 호쿠메이가 노년에 접어들 무렵의 심리를 통해 노년의 성과 인생의 의미를 파헤친다. "바로 눈앞의 인도에서 이쪽을 신경 쓰지 않고 걷거나 멈춰 서 있는 엄마들이 나에게는 전부 다 어리게 보인다. …… 남편은 분명히 바람을 피울 것이다. …… 머지않아 자식에 대한 기대도 배반당할 것이다. 금전상의 욕망을 품고 굴욕투성이가 되어 노년의 불안에 위협당할 것이다. 어떤 어마어마한 일이 자기 앞에 기다리고 있는지 안다면 저런 얼굴을 하고 걸어 다닐 수는 없을 터이다."

고령화 문제의 선구적 작품으로 알려져 있는 것이 니와 후시오의 『짓궂은 나이』이다. 86세에 이른 '우메죠'는 자기 혼자서 아무것도 할 수 없게 되었는데도 성질은 못되고 도벽까지 있는 노인이라 손녀들이 돌보기 싫어하며 서로 떠넘긴다. "그럼에도 또 다시 살아가야만 하는 무참한 운명에 틀림없이 빠지리라는 것을 이해하거나 상상할 수 있었다면, 적당히 가져야 할 두려움을 느끼고 분명 남의 일처럼 생각하지는 못했을 것이다. 자기들만은 이렇게 죽음이 가까울 때 치부를 드러내는 노인 축에는 절대 들지 않을 거라고 생각하고 있는 모양이다."

노인 문학 하면 반드시 언급되는 것이 다니자키 준이치로의 『미치광이 노인의 일기』이다. 주인공의 나이는 77세로 다니자키도 책이 나왔을 때 77세였다. 젊은 여성을 사랑하지만 여성은 노인을 대충대충 대한다. 그렇지만 노인은 그것을 기뻐하는 듯하다. "이것도 일종의 잔학한 성향이라고 할 수 있을 것이다. 젊을 때부터 그런 성향이 있었던 것 같지는 않지만 노년에 이르러 이런 상태가 되었다."

노인의 성(性)을 다룬 소설로서 쌍벽을 이루는 작품으로 가와바타 야스나리의 『잠자는 미녀』가 있다. 이 소설은 젊은 여성의 알몸이 등장하는데도 묘하게 추상적인 느낌이 든다. 그 이유는 주인공인 에구치가 수면제를 먹고 잠든 젊은 여성들과 동침할 수 있는 '잠자는 미녀의 집'에 성기능을 잃었다고 속인 채 출입하고 있는 사실과 관련된 것 같다. 그런데 이 생활에 파탄이 찾아온다. "이 집의 금기를 깨고 노인들의 추악하고 비밀스런 쾌락을 뒤엎고 그것들과 이제부터 결별하고 싶은 피의 출렁임이 에구치를 우뚝 솟게 했다."

서양으로 눈을 돌려 셰익스피어의 『리어 왕』을 보자. 이는 비극의 최고봉이라 일컬어지는 작품으로서 노인 문학 따위가 아니라고 말하는 사람도 많을지 모른다. 하지만 최근 서점 판매대에 '현대에도 통하는 노인의 비극'이라는 문구가 붙은 것을 보면 이 작품도 노년의 심리를 파헤친 작품이라고 말할 수 있다. 리어 왕은 말한다. "부탁이니 나를 놀리지 말아주게.

나는 이제 막 여든을 넘긴 어리석은 노인일 뿐 …… 아무래도 너는 알던 사람 같은데, 이 남자도 내가 알고 있는 사람 같아. 하지만 그게 분명치가 않구나. …… 이 여인은 틀림없이 내 딸 코델리아인 것 같은데." 리어 왕은 장녀와 차녀에게 배반당하고 황야를 떠돌다가 유일하게 믿을 수 있는 막내딸을 다시 만났을 때 아무래도 치매 증상까지 보이고 있었던 듯하다.

오노레 드 발자크『고리오 영감』의 주인공도 사교계에 들어가 화려한 생활을 하는 두 딸에게 재산을 빼앗긴 가엾은 노인이다. 발자크는 그 내면의 과정을 고리오 영감의 대사를 통해 극명하게 드러낸다. 아버지의 재산을 가로채고서도 사랑하는 딸들은 죽음이 코앞에 닥친 아버지를 만나러 오지 않는다. "그리고 희미하게 '아! 우리 천사들!' 하고 말하는 것이 들렸다. …… 이 부친의 마지막 한숨은 기쁨의 한숨이었음이 분명하다. 이 한숨이 그의 일생의 표현이 되었다. 그는 아직도 여전히 속고 있었던 것이다." 굳이 덧붙이자면 실제 딸이 가담한 사기에 휘말린 내용을 말하는 것이리라.

물론 끝까지 싸우려고 하는 노인도 있다. 헤밍웨이의『노인과 바다』에서는 고기잡이를 포기한 노인이 소년의 말에 자극받아 다시 바다로 나간다. 혼자서 노를 저어 출발했는데 미끼에 걸린 것은 거대한 물고기였다. 격투 끝에 포획에 성공하지만 이번에는 포획물을 물어뜯는 상어와 싸워야만 했다. "그는 물고기를 생각하는 것이 즐거웠다. 만일 이 물고기가 자유롭게 헤엄쳐 다니고 있다면 상어를 상대로 어떤 용맹스러운 모습을 보여줄까. 노인은 그 광경을 상상한다. …… '싸우면 좋지 않을까' 하고 그는 분명히 말했다. '나는 죽을 때까지 싸워줄 테다'."

노년에 대한 에세이를 두 편 소개한다. 알폰스 데켄의 『유머는 늙음과 죽음의 묘약』은 노년에 견디기 힘든 괴로움은 고독이라고 한다. "노년기의 고독을 뛰어넘으려면 두 가지 방법을 병행해서 시도하는 것이 좋다고 생각한다. 하나는 고독에 지지 않고 조금이라도 다른 사람에게 도움이 되기 위해 적극적으로 새로운 '만남'을 추구하는 생활방식이다. …… 또 하나는 고독을 선물이라 여기고 순순히 받아들이는 일이다. 홀로 있는 시간은 결코 무의미한 시간이 아니다."

미우라 슈몬의 『노년의 품격』에서는 유머가 노년을 쉽게 견뎌내게 해준다고 설명한다. "즉 웃음의 효용이란 혹독한 현상에서 빠져나오는 것"이며 "풍성한 경험의 축적"을 잊지 않고, "현재의 상황에서 한발 물러난 냉정함을 갖도록" 한다. "고통의 대상이 아니라 현재의 문제에 괴로워하고 있는 '자신'을 제3자의 눈으로 바라보고 그 고통이 주관적인 것임을 깨달아 조금만 시각을 바꿔보면 거기서 예술도 웃음도 생겨난다는 것이다."

마지막으로, 진지하지 못하다는 소리를 들을지도 모르지만 요시다 에쓰코의『늙은 개와 행복하게 교제하는 법』도 추가하고 싶다. 고독이 늙음의 가장 큰 불행이라는 사실은 사람에게만 해당하는 것이 아니다. "부자유한 몸을 끌어안고 누구에게도 호소하지 못하고, 오로지 고독을 견디며 오래 산다고 한다면 …… 이것은 분명한 '학대'라고 할 수 있지 않을까?" 개가 만년에 주인에게 달라붙으려고 한다는 사실은 잘 알려져 있다. 그리고 또한 방치된 늙은 개는 불안한 듯 주변을 둘러본다. 여기에도 역시 노년의 심리가 있는 것이다.

벌써 오십,
마지막 수업 준비

돈과 집, 몸과 삶에 관한 15개의 지침들

1판 1쇄 펴냄	2017년 2월 15일
1판 2쇄 펴냄	2018년 3월 2일

엮은이	문예춘추(文藝春秋)
옮긴이	한혜정
펴낸이	김정호
펴낸곳	북스코프

책임편집	김일수
디자인	이대웅
마케팅	이총석·박태준
관 리	박정은

출판등록	2006년 11월 22일(제406-2006-000184호)
주소	10881 경기도 파주시 회동길 445-3 2층
전화	031-955-9515(편집) / 031-955-9514(주문)
팩스	031-955-9519
전자우편	editor@acanet.co.kr
홈페이지	www.acanet.co.kr	www.facebook.com/bookscope

ISBN 978-89-97296-62-0 03300